슬기로운 인공지능 AI 활용법

학교 숙제**부터** 콘텐츠 창작**까지!**

슬기로운 인공지능 AI 활용법

금준경 글×나인완 그림

창비

— 들어가며 —

인공지능이라는
거대한 파도 앞에서

세상은 참 빠르게 변해요. 어느새 식당에서는 무인 단말기로 주문하는 일이 흔해졌고, 최신 전자 제품도 얼마 지나지 않아 구형이 되어 버리곤 하지요.

그중에서도 특히 더 빠르게 변화하고 발전하는 것이 바로 인공지능이에요. 인공지능 기술이 뛰어나다는 건 많이 들어 봤지요? 그렇지만 우리 일상생활에서 인공지능이 아주 가깝게 느껴지지는 않았어요. 그런데 '챗GPT'라는 인공지능 서비스가 등장했어요. 이 서비스를 이용해 본 사람들은 깜짝 놀랐지요. 인공지능을 아주 쉽고 편하게 일상 속에서 사용할 수 있기 때문이에요. 그 뒤로 다른 인공지능 서비스도 많이 나왔어요. 이제는 전 세계의 많은 사람이 가정과 학교, 직장에서도 인공지능 서비스를 활용하게 되었어요. 인공지능을 이용해 글을 쓰고, 그림을 그리며, 과제도 하고, 때로는 친구와 만난 듯 수다를 떨기도 해요.

인공지능 기술은 마치 거센 파도처럼 느껴져요. 그리고 이 파도가 우리를 향해 아주 빠르게 다가오는 것 같아요. 우리는 이 파도를 마주할 준비가 되어 있을까요? 일상에 다양한 인공지능 서비스가 스며들기 시작했지만, 어떻게 사용해야 할지, 우리에게 어떤 영향을 미칠지 잘 알지 못해요. 잘 활용한다면 일할 때 수고로움을 덜어 주니까 삶이 더 편리하고 풍요로워질 거예요. 그런데 잘못 활용하면 어떻게 될까요? 우리 개인 정보가 새어 나가 피해를 입거나, 잘못된 정보를 그대로 믿어서 문제가 생기거나 심지어 범죄가 발생할 수 있어요. 또 자기 스스로 고민하고 생각해서 판단하기보다 인공지능 기술에 지나치게 기댈 수도 있어요.

저는 미디어와 인공지능 분야를 주로 취재해서 세상에 알리는 기자이자 작가예요. 공부하고 취재하면서 새로 알게 된 사실과 느낀 점을 사람들과 나누는 일을 하고 있지요. 인공지능 시대를 맞아서 많은 변화가 일어나는데, 그 기술을 이용하는 우리는 어떤 고민을 하고, 어떻게 하면 잘 활용할 수 있을지 안내하고 싶었어요. 그래서 이 책을 쓰기 시작했지요.

 인공지능이란 무엇이고, 챗GPT를 비롯한 생성형 인공지능은 어떤 원리로 작동하고, 일상과 학습, 창작 활동 등 다양한 상황과 영역에서 어떻게 활용할 수 있는지, 이 과정에서 무엇을 생각하고 조심해야 할지 차근차근 살펴보기로 해요.

 인공지능이라는 커다란 파도는 이미 우리 곁에 와 있어요. 이 강한 파도에 휩쓸려 떠내려갈지, 아니면 파도에 멋지게 올라타 변화하는 세상을 즐길지는 우리가 어떻게 하느냐에 달렸어요. 이 책을 통해 함께 생각하고 고민을 나누면서 인공지능 시대를 재미있고 슬기롭게 살아갈 수 있기를 바랍니다.

2025년 4월
금준경

차례

들어가며 인공지능이라는 거대한 파도 앞에서   4

1부 성큼 다가온 인공지능 시대

현실이 된 자비스   12

인공지능이란 무엇일까요?   17

챗GPT는 무엇이 다를까요?   23

인공지능 서비스에는 어떤 것이 있나요?   32

챗GPT가 잘하는 것과 못하는 것   48

인공지능 기술 발전, 좋기만 할까요?   56

2부 챗GPT 학습에 활용하기

정보 찾기에 능숙한 챗GPT   64

인공지능이 사람의 일자리를 대신할까요?   79

숙제와 발표에 도움을 받아요   87

챗GPT가 거짓말을 한다고요?   107

사실관계를 확인해 보아요   119

3부 생성형 AI로 일상에서 도움 받기

일상에 재미와 지혜를 더해 주는 챗GPT   130

인공지능과 감정 교류 괜찮을까요?   151

인공지능으로 여행 계획을 짜요   159

내 정보가 온라인에 유출된다고요?   172

4부 생성형 AI 취미에 활용하기

인공지능으로 취미 생활을 즐겨요   178

챗GPT로 이야기를 만들어요   184

인공지능으로 그림을 그려요   195

인공지능이 편견을 갖고 있다고요?   203

인공지능을 악용한 범죄가 생겨난다고요?   214

인공지능이 만든 콘텐츠, 누구의 창작물일까요?   220

인공지능이 도둑질을 했다고요?   226

나가며 인공지능 시대, 파도에 올라탈 준비가 됐나요?   232

부록 생성형 인공지능을 쓸 때 주의할 점   237

이미지 출처   242

1부

성큼 다가온
인공지능 시대

현실이 된 자비스

"무엇이 필요하신가요?"

공상 과학 영화를 보면 사람처럼 생각하고 말하는 인공지능이 등장할 때가 많아요. 영화 「아이언맨」에는 '자비스'라는 인공지능 비서가 등장합니다. 주인공인 아이언맨이 부르기만 하면 언제 어디서나 음성으로 소통할 수 있지요. 자비스는 아이언맨의 활동을 여러모로 도와줍니다. 자료 수집이나 분석은 기본이고 악당과의 전투 지원까지 해 줘요. 때로는 수다 떠는 친구가 되어 주기도 하고, 의사처럼 건강 상태를 확인해 주거나 정장을 차려 입으면 멋지다고 칭찬도 해 주지요.

자비스 같은 인공지능 비서가 등장하는 건 아주 먼 미래의 일이기만 할까요? 기술은 생각보다 빠르게 발전해요. 몇 해 전만 해도 로봇이 식당에서 요리하고 음식을 나르는 건 상상 속의 일이었어요.

빠르게 발전 중인 여러 기술 중에서도 우리를 매우 놀라게 한 것이 있어요. 바로 '챗GPT'라는 이름의 인공지능 채팅 서비스예요. 2022년 11월, '오픈AI'라는 인공지능 개발 회사에서 내놓은 이 서비스는 공개되자마자 전 세계를 뒤흔들었어요. 이전에도 자비스처럼 대화할 수 있는 인공지능 서비스가 없었던 건 아니에요. 이름을 부르면 "네, 말씀하세요."라고 대답하는 인공지능 스피커를 본 적 있지요? 인공지능 스피커는 주로 텔레비전 채널을 바꿔 주거나 음악을 찾아 틀어 주는 등의 일을 해 줘요. 스마트폰에도 '시리'나 '빅스비' 같은 인공지능 서비스가 들어 있어요.

그런데 이런 서비스와 소통하다 보면 답답할 때가 많아요. 내 말을 이해하지 못하거나 요청한 걸 제대로 해내지 못할 때가 많기 때문이에요. 같은 인공지능 서비스인데 왜 그럴까요? 이런 서비스는 미리 입력된 말만 이해하고 수행할 수 있어서 그래요. 미리 입력되지 않은 말에는 대응할 수가 없지요. 게다가 전에 들은 말은 기억하지 못 해서 대화를 이어 간다기보다 당장의 요청만 하나씩 들어주는 수준이지요.

그래서 채팅창에 글을 쓰면 어떤 질문이나 요구에도 척척박사처럼 대답을 내놓는 챗GPT의 능력에 전 세계 사람들이 놀랄 수밖에 없었어요. 글에 담긴 뜻이나 의도를 이해해서 마치 사람처럼 그럴듯하게 대답하고, 무엇을 물어도 답을 내놓는 기술은 다른 인공지능 서비스보다 훨씬 뛰어났어요. 많은 사람들이 이 기술에 열광했어요. 출시된 지 두 달 만에 월 이용자 수가 1억 명을 돌파할 정도로 관심을 받았어요. 이용자는 더 늘어나 2024년 9월 말에는 일주일에 2억 명이나 사용한다는 조사 결과가 나왔지요.

챗GPT의 등장이 얼마나 큰일인지 알려 주는 예가 있어요. 세계에서 가장 오래되고 권위 있는 과학 잡지인 『네이처』는 해마다 세계 과학계에서 가장 중요한 인물을 뽑는데, 2023년에는 그중 하나로 챗GPT를 뽑은 거예요. 사람이 아닌 인공지능이 선정된 건 처음이라고 해요. 『네이처』는 "챗GPT의 영향력이 과학과 사회 전반에 미치고 있기에 사람이 아니지만 선정했다."라고 밝혔어요.

챗GPT는 어느덧 일상생활에 큰 영향을 주고 있어요. 2023년에 실시한 한 설문 조사에 따르면 중학생, 고등학생, 대학생에게 챗GPT를 쓰는지 물었더니 응답자 중 무려 80퍼센트 가까이 그렇다고 대답했어요. 이 학생들은 주로 학교 과제를 할 때 챗GPT를 이용한다고 답했어요. 그러면 챗GPT를 이용하여 제출한 과제를 어느 정도까지 인정해 줘야 할까요? 이런 문제에 대응하려고 우리나라의 한 대학교에서는 이미 챗GPT 활용 기준을 담은 가이드 라인을 만들었다고 해요.

한편 챗GPT 때문에 직장을 잃은 사람도 있어요. 광고 문구를 생각하고 쓰는 사람을 카피라이터라고 해요.『워싱턴포스트』라는 신문에 따르면 2023년 미국의 어느 카피라이터가 "챗GPT를 활용하는 것이 더 저렴하다."라는 이유로 해고당했다고 해요.

이러한 변화는 겨우 시작에 불과해요. 챗GPT는 계속 발전 중이고, 미국의 구글과 한국의 네이버 등 전 세계의 정보 기술(IT) 기업들이 다양한 인공지능 서비스를 내놓으며 경쟁에 불이 붙었어요. 머지않아 우리에게도 영화 속 자비스 같은 인공지능 비서가 생길지도 모르지요.

인공지능이란 무엇일까요?

이제 본격적으로 인공지능이 무엇인지 알아볼까요? 인공지능은 마치 사람처럼 생각하고 판단하고 학습하는 능력을 갖춘 컴퓨터 시스템을 뜻합니다. 사람의 지능을 갖춘 것 같지만, 사람이 만들어 낸 것이기 때문에 '인공지능'이라고 해요. 영어로는 'Artificial Intelligence'인데, 앞글자만 하나씩 따서 'AI'라고도 하지요.

오래전부터 과학자들과 기술자들은 다양한 기계와 놀라운 기술을 개발해 왔어요. 그동안 사람의 노동을 대신할 수 있는 기계는 많이 발명되었어요. 그런데 높은 지능이 필요한 일도 기계나 기술이 할 수 있을까요? 이런 호기심을 품고 꾸준히 연구하고 노력한 결과 마침내 수많은 인공지능이 개발되었어요.

사실 일상생활에서도 인공지능을 아주 쉽게 접할 수 있어요. 우리가 컴퓨터 게임을 할 때 사람이 아닌 상대편과 겨루기도 하지요? 상대편은 실제 사람처럼 판단하고 대응하는데, 그건 인공지능이 작동하기 때문이에요. 스마트폰의 카메라 앱이 얼굴을 자동으로 인식해서 다양한 필터를 입히는 것도, 자동차가 알아서 운전하는 것도 인공지능 기술에 의해 가능해졌어요. 유튜브에서 영상을 자동으로 추천해 주는 것도 인공지능을 통해 이루어져요. 인공지능이 나의 검색 기록과 시청 기록을 바탕으로 관심사를 파악하고 분석해서 내가 좋아할 만한 영상을 예측해서 추천해 주는 거예요.

챗GPT가 등장하기 전에는 인공지능이 한 가지 분야에서만 뛰어난 능력을 보여 주었어요. 널리 알려진 '알파고'가 이런 종류의 인공지능이에요. 알파고는 인공지능 개발 회사인 구글 딥마인드에서 만든 인공지능 바둑 프로그램이에요. 그런데 딥마인드는 왜 하필 바둑을 두는 인공지능을 만들었을까요?

바둑은 장기나 체스보다 훨씬 많은 돌을 가지고 겨루는 게임이에요. 바둑판에는 돌을 놓을 수 있는 점이 361개나 되지요. 이 말은 곧 흑돌과 백돌을 둘 수 있는 경우의 수가 헤아릴 수 없이 많다는 뜻이에요. 바둑기사에게는 경우의 수를 최대한 많이 생각할 수 있는 집중력, 추리력, 창의력 등 높은 수준의 지적 능력이 필요하지요. 그래서 딥마인드는 알파고를 개발하는 것만으로도 인공지능 기술 발전에 큰 의미가 있다고 생각했어요.

사람들은 인공지능이 바둑을 대회 챔피언보다 잘 두는 게 쉽지 않으리라 예상했어요. 2016년 3월, 세기의 바둑 대회가 열렸어요. 세계 바둑 대회에서 무려 열여덟 차례나 우승한 한국의 이세돌 9단과 알파고가 맞붙게 되었지요. 이 대결은 전 세계인의 관심을 받았어요. 대부분은 아무리 인공지능 기술이 뛰어나도 이세돌 9단을 이기지 못할 거라고 내다봤어요. 그런데 놀랍게도 알파고가 4대 1로 이세돌 9단을 이겼어요! 인공지능이 그 복잡한 바둑까지 잘 두게 된 거예요. 도대체 알파고는 어떻게 이세돌 9단보다 바둑을 더 잘 두게 되었을까요?

인공지능 이야기를 할 때 빠지지 않는 말이 있어요. 바로 '머신 러닝(Machine Learning)'과 '빅 데이터(Big Data)'랍니다. 머신 러닝은 우리말로 '기계 학습'이라고 하는데요, 사람이 공부하는 것처럼 인공지능도 데이터를 바탕으로 학습하는 과정을 거쳐요. 우리가 수학 문제를 많이 풀다 보면 원리를 깨쳐서 새로운 문제도 풀게 되는 것처럼 인공지능이 새로운 과제에도 척척 대응하도록 수많은 데이터를 학습시키는 거지요.

예를 들어 시베리안 허스키라는 개의 종류를 판별할 수 있는 인공지능을 개발하려면, 인공지능에게 시베리안 허스키의 특징을 잘 알려 줘야겠지요? 그러려면 일단 시베리안 허스키 사진을 많이 입력해서 귀는 두 개이고, 다리가 네 개라는 개에 대한 기본 정보 말고도 '흰색과 검은색 털이 섞여 있다.', '늑대를 닮았다.' 같은 특징들을 학습시키고, 이를 바탕으로 '저건 시베리안 허스키야.'라고 판단하게 해야지요. 그런 뒤 치와와, 불독 등의 사진과 시베리안 허스키 사진을 섞어서 보여 줄 때 인공지능이 찾아낸 규칙을 바탕으로 스스로 시베리안 허스키 사진을 골라 낼 수 있어요.

그래서 머신 러닝을 할 때 가장 중요한 것이 바로 빅 데

이터예요. 자료나 정보를 뜻하는 '데이터'라는 단어 앞에 크다는 뜻의 '빅'이 붙었지요? 말 그대로 아주 많은 양의 데이터를 빅 데이터라고 해요. 우리가 영어로 술술 대화하려면 영어로 된 글과 말을 많이 읽고 들어야 하지요. 또 게임을 잘하려면 그만큼 시간과 노력을 들여 여러 상황에 대응하는 능력을 키워야 해요. 마찬가지로 인공지능도 아주 많은 데이터를 학습할수록 그만큼 뛰어난 능력을 갖추게 돼요. 알파고 역시 엄청나게 많은 바둑 경기를 학습했고, 그래서 바둑을 아주 잘 둘 수 있게 되었지요.

　인공지능은 전부터 꾸준히 발전해 왔는데 왜 챗GPT에 더 많은 관심이 쏠리는 걸까요? 앞에서 살펴본 알파고 같은 인공지능들은 아주 뛰어난 능력을 가졌지만 한 분야만 잘했어요. 동물을 구별하는 능력, 바둑을 두는 능력, 운전을 하는 능력 등 한 가지 분야에서 뛰어난 능력을 발휘했지요. 그런데 챗GPT는 어떤가요? 챗GPT와 대화를 하다 보면 척척박사 같다는 생각이 들어요. 일상에서 궁금한 점이 있을 때, 여행 일정을 짜고 싶을 때, 영어 공부를 할 때, 정보가 필요할 때, 심지어 글을 쓰거나 그림을 그리는 취미 활동을 할 때에도 챗

GPT의 도움을 받을 수 있어요. 못하는 일이 없는 듯 보이죠. 「아이언맨」에 나오는 자비스는 뭐든지 척척 잘해 내는 비서잖아요. 챗GPT는 자비스처럼 여러 가지 분야에서 뛰어난 능력을 보여 주는 기술이에요.

또 하나의 차이는 아주 쉽다는 점이에요. 사실 GPT는 꾸준히 개발되어 여러 가지 버전이 나와 있어요. 우리는 그중에서도 채팅 형식으로 서비스를 만든 챗GPT를 가장 잘 알고 있어요. 물론 그전에도 전문가들은 GPT 기술이 대단하다는 걸 알았지요. 챗GPT-3.0 버전이 나오기 전에는 코딩할 때처럼 전문적인 프로그래밍 언어를 알아야 사용할 수 있었어요. 그렇다 보니 보통 사람들은 인공지능 기술이 얼마나 어떻게 발전하고 있는지 피부에 와 닿지 않았어요. 그런데 오픈AI에서 GPT를 채팅 형식으로 만들어 내면서 이 기술의 진가를 마침내 알게 된 것이죠. 복잡한 프로그래밍 언어 대신 평소에 말하듯이 물어보아도 무엇을 원하는지 잘 이해하고 적합한 답을 내놓는 것을 보고 전 세계가 놀란 거예요.

| 프로그래밍 언어 | 일상 언어 |

여기서 잠깐! 'GPT'는 무슨 뜻일까요? GPT는 'Generative Pre-trained Transformer'에서 앞 글자만 딴 줄임말이에요. 영어 단어가 어려워 보이지만, 하나씩 살펴보면 그 뜻을 쉽게 알 수 있어요. GPT의 'G'는 '생성의, 발생의(Generative)'라는 뜻이에요. 무언가를 만들어 간다는 거예요. 그래서 GPT를 '생성형 인공지능' 또는 '생성형 AI'라고 부르기도 해요.

가운데 P는 '미리 학습된(Pre-trained)'이라는 뜻이에요. 마지막에 나오는 T는 '변형하다(Transformer)'는 뜻인데, 이것은 기계가 학습하는 특정한 방법을 가리키는 말이에요. 인터넷에 있는 많은 자료를 다 긁어다 인공지능에 입력했다고 생각하면 돼요. GPT는 뉴스 기사나 개인이 올린 게시물 등 인터넷에 있는 어마어마한 정보를 학습했어요. 여기서 '학습'이라고 표현한 까닭은 그런 정보를 단순히 저장만 해 두는 게 아니기 때문이에요. 마치 사람이 공부를 하듯 정보 속에 담긴 많은 언어와 의미를 배우면서 다양하고 많은 지식을 얻는 거예요. 더 나아가 어떤 문제를 해결하는 방법까지도 알게 되지요.

우리가 질문을 하면 챗GPT는 그동안 학습한 데이터를 바탕으로 가장 자연스러운 답을 내놓아요. 챗GPT는 상상하기 어려울 정도로 많은 데이터를 학습했고, 그만큼 능력이 뛰어나지요. 도대체 얼마나 똑똑한지 짐작하기도 어려울 정도로요. 이런 특징 때문에 GPT를 '언어 모델(Language Model)'이라고 부르기도 해요. 언어 모델이란 학습한 내용을 의미와 맥락에 따라 가장 자연스러운 대답으로 내놓는 기술이에요. 아래 문장을 함께 볼까요?

> '학교에'라는 말 다음에 어떤 동사가 와야
> 가장 알맞을까요?
>
> 학교에 _____
>
> 먹는다   간다   튀긴다   씻는다

　　언어 모델에 물어본다면 여러분과 같은 판단을 할 거예요. 왜냐하면 언어 모델은 '학교에'라는 말이 입력되면 그에 맞는 동사로 '먹는다', '간다', '튀긴다', '씻는다' 중에서 확률적으로 가장 많이 사용하는 '간다'를 선택하기 때문이죠. 우리는 '학교에 간다'는 문장이 가장 자연스럽게 느껴져서 이 답을 고르지요. 하지만 언어 모델은 사람들이 이 문장을 가장 많이 썼고, 인공지능이 이 데이터를 다른 문장보다 더 많이 학습했기 때문에 이 답을 고른 거예요.

　　간단히 정리해 볼까요? 그동안의 인공지능 프로그램은 한 분야에서 뛰어난 능력을 보였지만 다른 건 할 줄 몰랐어요. 예를 들어 바둑을 정말 잘하는 알파고지만 아주 기초적인 상식 퀴즈도 풀지 못하는 것처럼요. 그런데 챗GPT는 인터넷에 있는 엄청난 양의 데이터를 학습했기 때문에 무엇이든 물어보면 곧장 답을 해 줄 수 있어요. 특히 사람처럼 자신이 학습한 내용을 바탕으로 척척 답을 내놓고 문제를 해결하는 놀라운 능력이 있답니다.

자, 이제 우리가 궁금한 내용을 챗GPT에게 직접 물어볼까요? 정말 그렇게 똑똑한지 한번 알아보기로 해요. 먼저 챗GPT를 불러내 볼게요.

구글 등 포털 사이트 검색창에 '챗GPT'를 검색하거나 인터넷 주소창에 'chat.openai.com'을 입력하면 챗GPT 홈페이지에 접속할 수 있어요. 회원 가입을 하면 무료로 이용할 수 있지요. 유료 서비스는 더 고급 기능을 제공하고 대답 속도가 더 빠르다고 해요. 어린이는 꼭 보호자와 함께 사용하는 것이 좋아요. 보호자에게 동의를 얻은 다음, 선생님이나 부모님 도움을 받아 회원 가입을 해 주세요. 가입 후 로그인을 하면 아래 화면이 나올 텐데요, 인터넷 포털 사이트에서 흔히 보는 검색창처럼 생겼어요. 글을 입력하는 곳을 '프롬프트'라고 해요. 이곳에 궁금한 것을 물어보면 돼요. 마치 친구랑 대화하듯이 편안하고 자연스럽게 말을 걸어요.

챗GPT에게 작동 원리를 한번 물어볼게요.

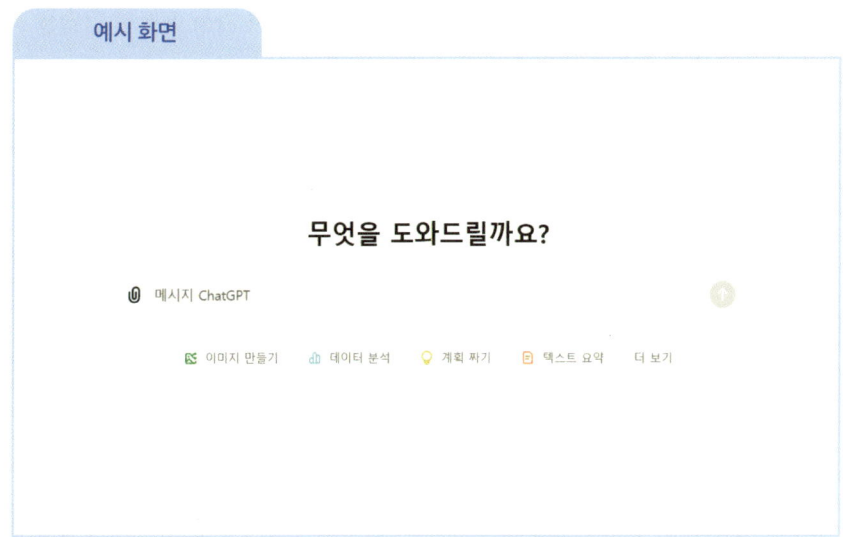

 챗GPT는 어떤 원리로 작동하는 거야?

 챗GPT는 기계 학습과 자연어 처리의 원리를 기반으로 작동합니다. 주요 구성 요소로는 트랜스포머(Transformer)라는 모델 아키텍처가 사용됩니다. 이 모델은 주로 언어 모델링 작업에 사용되며, 텍스트의 일련의 단어를 입력으로 받아들이고 다음 단어를 예측하는 데 중점을 둡니다.

트랜스포머 아키텍처는 자기 어텐션(self-attention) 메커니즘을 사용하여 문맥을 파악하고 텍스트의 의미를 이해합니다. 이는 문장 내의 각 단어가 다른 단어와 어떻게 관련되어 있는지를 모델이 파악할 수 있게 합니다. 이를 통해 챗GPT는 입력 문장의 맥락을 이해하고 다음에 올 단어를 예측할 수 있습니다.

챗GPT는 대규모의 텍스트 데이터 셋을 사용하여 사전 학습되며, 이를 통해 다양한 주제 및 어휘에 대한 지식을 습득합니다. 이후 사용자가 입력한 문장을 받아들이고, 그 문맥에서 가장 적합한 응답을 생성합니다.

요약하자면, 챗GPT는 자연어 처리 모델인 트랜스포머를 기반으로 하며, 대규모의 텍스트 데이터를 사용하여 학습된 후에 입력 문장의 맥락을 이해하고 응답을 생성합니다.

답변을 받았어요. 앗! 그런데 어려운 말투성이네요. 이번에는 조금 더 쉽게 알려 달라고 부탁해 볼게요. 챗GPT는 앞서 나눈 대화를 기억하고 있어서 처음부터 다시 물어볼 필요가 없어요. 자연스럽게 다음 질문을 이어 나가면 돼요.

초등학생도 이해하기 쉽게 설명해 줄래?

챗GPT

챗GPT는 컴퓨터가 우리가 하는 말을 이해하고 대답할 수 있게 해 주는 컴퓨터 프로그램이야. 이건 마치 우리가 친구와 이야기하듯이 컴퓨터와도 대화할 수 있는 것이야.

이걸 가능하게 하는 비밀은 두 가지야.
첫 번째는 컴퓨터가 엄청나게 많은 문장을 읽고 배우는 거야. 그래

> 서 컴퓨터는 우리가 무슨 말을 하면 그 말의 뜻을 이해할 수 있어. 두 번째는 컴퓨터가 우리가 한 말의 맥락을 이해할 수 있게 도와주는 특별한 프로그램을 사용한다는 거야. 이 프로그램은 우리가 한 말에서 중요한 부분을 찾아내고, 그것을 바탕으로 다음에 무슨 말을 할지 예측할 수 있게 도와줘.
>
> 그래서 결국, 챗GPT는 컴퓨터가 우리가 하는 이야기를 이해하고 우리에게 맞는 답변을 만들어 내는 마법 같은 프로그램이야!

아까보다 훨씬 쉬운 말로 바뀌었어요! 챗GPT 스스로 '마법 같은 프로그램'이라고 자신을 소개하고 있어요. 이 마법이 펼쳐질 때 늘 멋지고 신비롭다면 얼마나 좋을까요?

인공지능 서비스에는 어떤 것이 있나요?

생성형 인공지능 서비스에는 챗GPT만 있는 건 아니랍니다. 오픈AI뿐만 아니라 여러 기업에서 생성형 인공지능 서비스를 만들었어요. 언뜻 보면 비슷해 보이지만 저마다 장단점이 있어요. 예를 들면 스마트폰도 회사에 따라 다른 모델이 나오잖아요. 우리가 필요한 물건을 살 때 이런저런 것들을 비교해 보고 나에게 맞는 물건, 내가 필요한 물건을 선택하듯이 생성형 인공지능 서비스도 여러 회사에서 만든 서로 다른 서비스를 사용해 보고 자신에게 필요한 걸 골라 쓰는 게 좋아요.

이제부터 인공지능 서비스에는 무엇이 있나 살펴볼까요?

| **대화형 인공지능 서비스**

오픈AI에서 2022년에 공개한 챗GPT-3.5 버전은 우리가 흔히 사용했던 챗GPT예요. 프롬프트에 질문하면 답을 해 주지요. 이야기를 만들거나 여행 일정을 짜 달라고 부탁할 수도 있어요. 다만 2021년까지의 데이터만 학습했기 때문에 그 이후의 정보는 몰라요. 그뿐 아니라 사실과 다른 잘못된 답을 주거나 말뜻을 이해하지 못하는 경우가 종종 있어요. 데이터의 양이나 학습 수준이 부족한 편이었지요.

✨ 챗GPT-4o

    2024년 오픈AI에서 내놓은 챗GPT-4o는 유료였던 챗GPT-4 버전을 업그레이드한 거예요. 한마디로 3.5나 4 버전보다 더 많이 학습했기 때문에 더 똑똑해요. 2023년 10월까지의 데이터를 학습해서 비교적 최근 일에 대해서도 잘 알아요. 4o 버전의 가장 큰 장점은 이미지도 인식하고 생성한다는 거예요. 글이 아닌 사진을 업로드한 뒤 사진 속 정보에 대해 물어볼 수 있지요. 예를 들어 우리 집 냉장고 안 사진을 찍어서 올리고 어떤 요리를 하면 좋을지 물어보면 알맞은 요리와 요리법을 알려 주지요. 그렇다고 완벽한 건 아니에요. 일

다양한 인공지능 서비스를 경험해 볼까?

부 정보를 이해하지 못하거나 잘못된 답을 내놓는 경우도 있답니다.

✨ 코파일럿(Copilot)

코파일럿은 마이크로소프트에서 만든 인터넷 브라우저 '마이크로 엣지'에 기본으로 깔린 서비스예요. 이 서비스는 챗GPT를 바탕으로 하고 있으니 챗GPT와 거의 같아요. 하지만 코파일럿만 지닌 세심한 특징이 있지요. 우리가 답변을 받을 때 '창작', '균형 잡힘', '정확함' 세 가지 방식으로 나누어서 받아 볼 수 있어요. 우리가 원하는 게 무엇인지에 따라 답변의 방향이 좀 달라지겠지요. 물론 다른 인공지능 서비스처럼 사실과 다른 답을 내놓을 수 있어요.

✦ 제미나이(GEMINI)

구글은 2023년 12월 제미나이라는 이름의 대화형 인공지능 서비스를 공개했어요. 챗GPT와 비슷한 서비스지만, 다른 점이 있지요. 제미나이가 챗GPT보다 한국에 대해 훨씬 더 많이 알고 있다는 거예요. 챗GPT는 한국어로 된 정보를 많이 학습하지 못했지만, 구글은 한국에서 오랜 기간 검색 엔진 서비스를 해 왔기 때문에 한국어 데이터가 많이 쌓였고 그 덕분에 우리나라와 우리말에 대해 더 많이 알고 있지요. 물론 오류가 나는 경우도 있어요. 가끔 일본어가 뜨거나 사실과 다른 답을 주기도 하지요.

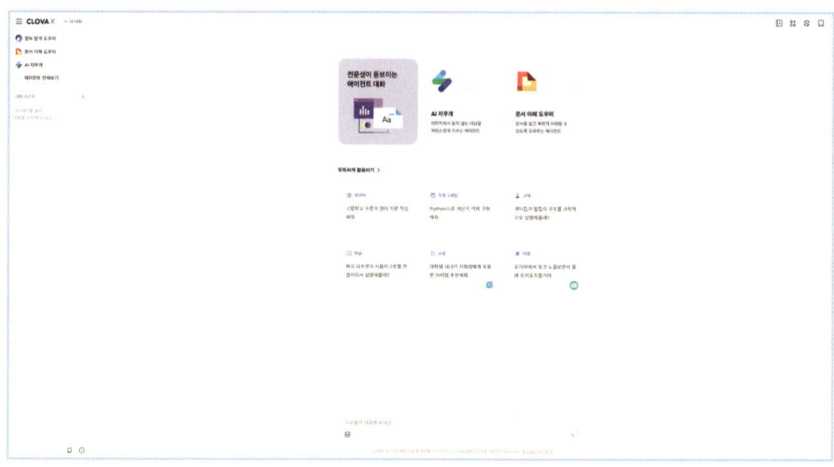

한국의 IT 기업인 네이버가 2023년에 출시했어요. 네이버는 주로 한국에서 사용하는 검색 엔진이니까 한국어로 된 질문이나 한국에 관련된 질문에 더 정확한 대답을 내놓아요. 네이버가 제공하는 여러 서비스와 연결해 사용한다는 게 가장 큰 장점이에요. 예를 들어 "서울시 종로구의 치킨 맛집을 알려 줘."라고 물으면 네이버 플레이스, 네이버 블로그 등 네이버의 다른 서비스와 연결된 정보까지 가져와서 답을 내놓지요. "어린이가 쓰기 편한 스마트폰을 알려 줘."라고 물으면 네이버 쇼핑 서비스를 바탕으로 추천해 주고, 바로 구매까지 할 수도 있어요. 하지만 인공지능 기술은 챗GPT에 못 미친다고 해요.

✨ 뤼튼(wrtn)

국내 기업인 뤼튼테크놀로지스가 만들어 운영하는 인공지능 서비스예요. 챗GPT-4 모델을 바탕으로 새로운 서비스

를 개발한 거예요. 챗GPT를 만든 오픈AI에서 기술을 공개했기 때문에 다른 기업도 이를 바탕으로 새로운 서비스를 만들 수 있어요. 뤼튼은 우리나라 기업이 만들었기 때문에 우리말로 자연스럽게 답변하고, 글도 잘 쓰지요. 그림을 그리는 기능도 뛰어난 편이에요. 챗GPT가 업그레이드 하면 그에 맞춰 서비스를 업그레이드 하고 있어요. 하지만 챗GPT와 마찬가지로 최신 정보가 부족하고, 잘못된 답변을 할 수도 있어요.

창작형 인공지능 서비스

✨ 빙 이미지 크리에이터 (Bing Image Creator)

　빙 이미지 크리에이터는 마이크로소프트에서 운영하는 이미지 생성 인공지능 서비스예요. 이미지 크리에이터에 접속해서 내가 그리고 싶은 그림을 글로 설명하면 순식간에 그림을 만들어 줘요. 이 서비스는 무료로 이용할 수 있어요. 그림을 더 빨리 그려 주는 기능이 있는 부스터를 하루에 열다섯 개씩 주지요. 부스터를 다 쓰고 나서는 그림을 만드는 속도가 느려져요. 한국어로 이용할 수 있지만, 영어로 입력하면 더 괜찮은 그림을 그려 준다고 해요. 다만 이전에 한 명령을 기억하지는 못한답니다.

가장 써 보고 싶은
인공지능 서비스는 무엇이야?

✨ 미드저니(Midjourney)

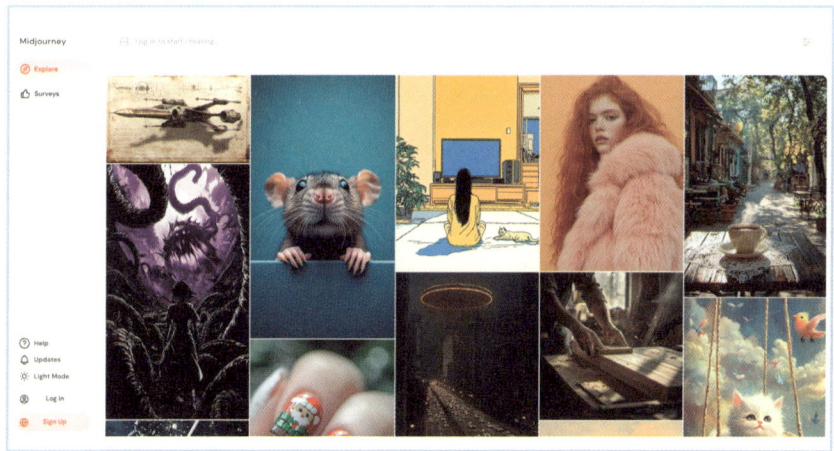

미드저니는 가장 유명한 이미지 생성 인공지능 서비스예요. 글로 요청하면 이미지로 만들어 주는데, 구현해 내는 수준이 높아서 유명해졌어요. 실제로 미드저니를 활용해 책 표지를 만들거나 그림책을 만든 사례도 있어요. 하지만 미드저니는 영어를 사용해야 하고, 본격적으로 서비스를 이용하려면 돈을 내야 해요. 빙 이미지 크리에이터와 달리 앞서 입력한 명령을 기억할 수 있어요. 그래서 그림을 더 정교하게 그려 나가고 부분적으로 수정할 수도 있지요.

✨ 딥엘(DeepL)

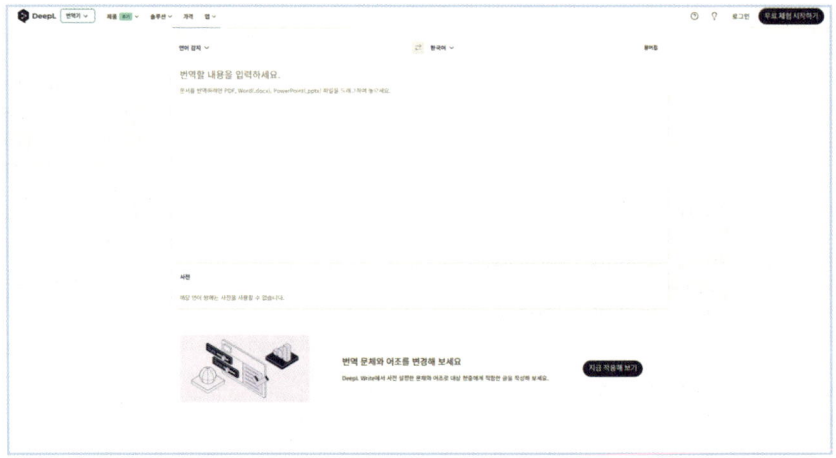

딥엘은 외국어를 여러 언어로 번역해 주는 서비스예요. 2023년 한국어 번역을 제공하면서 우리나라 사용자에게 주목을 받게 됐지요. 번역기 서비스에는 네이버 파파고, 구글 번역처럼 이미 여러 종류가 있지만 번역이 어색할 때가 많아요. 딥엘은 '세계에서 가장 정확한' 번역이라고 자랑하지요. 단순히 사전에 있는 의미를 넣는 것이 아니라 인공지능 기술을 활용해 어떤 글인지 맥락에 맞게 번역해 내요. 딥엘은 수준 높은 데이터를 많이 학습했고, 사람이 번역한 결과물까지 가져와 정확도와 자연스러움을 계속 보완하고 있어요.

✨ 클로바노트(ClovaNote)

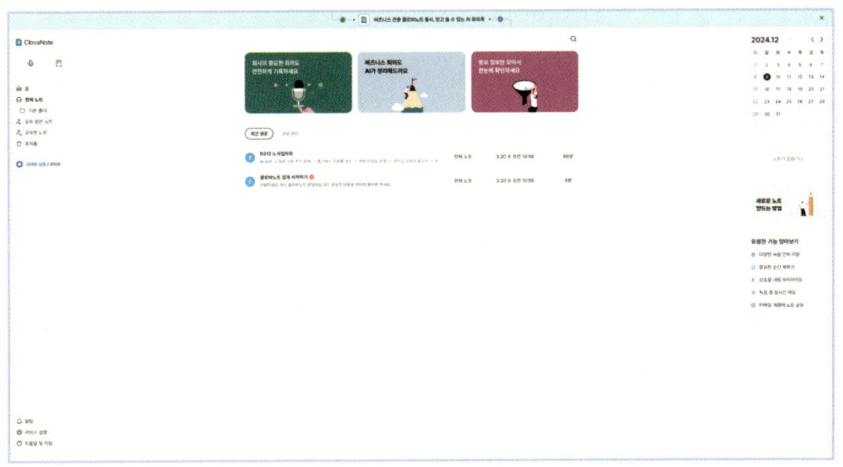

네이버에서 출시한 프로그램으로 사람의 음성을 글로 바꿔 주는 인공지능이에요. 학교 숙제를 하기 위해 친구들과 모여서 회의할 때 그 내용을 일일이 손으로 쓰거나 스마트폰이나 노트북에 타이핑하면 손이 아플 때가 있잖아요? 중요한 내용을 놓칠 수도 있고요. 그 대신 클로바노트를 쓰면 실시간으로 음성을 인식해 글로 바꿔 줘요. 물론 아직은 기술의 한계가 있어 조금씩 다르게 옮길 때도 있지만 정확도가 꽤 높은 편이랍니다. 이 프로그램에는 요약 기능도 있어요. 클로바노트가 요약한 것만 봐도 대화의 핵심을 쉽게 이해할 수 있어요.

✨ 믹스오디오(MixAudio)

주문만 하면 음악을 만들어 주는 서비스도 있어요. 믹스오디오는 자기가 만들고 싶은 곡의 특징을 입력하면 그에 걸맞은 음악을 만들어 내요. 서비스는 무료와 유료로 나뉘는데 무료 버전으로도 충분히 원하는 음악을 만들 수 있어요. 예를 들어 '공부할 때 도움이 되는 노래', '푹 자고 싶을 때 듣기 좋은 조용한 음악'을 주문하면 순식간에 만들어 줘요.

지금까지 다양한 종류의 인공지능을 살펴봤어요. 앞으로 그 종류는 갈수록 많아지겠지요. 그런데 우리가 이런저런 서비스를 써 보기 전에 꼭 알아야 할 점이 있어요. 바로 이런 인공지능 서비스를 기업이 개발하고 제공해 준다는 거예요. 챗GPT도 오픈AI라는 기업이 만든 제품이지요. 기업의 가장 큰 목적은 뭘까요? 무엇보다 돈을 벌어서 이윤을 내는 게 중요하지요. 그렇다면 우리는 왜 인공지능 서비스를 대부분 무료로 쓰고 있을까요? 기업은 인공지능 기술을 개발하기 위해 엄청난 돈을 투자했을 텐데 말이죠. 공짜로 서비스를 제공하면 기업은 손해를 볼 텐데요? 사람들에게 공짜로 나눠 주기 위해서 기업이 엄청난 돈을 들여 열심히 기술을 개발하는 것일까요?

사실은 우리가 챗GPT를 무료로 쓸 때마다 기업도 유익하고 많은 양의 데이터를 공짜로 얻고 있어요. 많은 데이터를 얻으면 인공지능은 그만큼 많은 양의 정보를 학습할 수 있지요. 이를테면 게임 개발 회사랑 유저의 관계와 비슷해요. 게임 회사에서 새로운 게임을 정식으로 내놓기 전에 베타 테스트를 무료로 진행할 때가 있죠? 게임 유저를 끌어들이기 위한 이벤트이기도 하지만 다른 이유도 있어요. 사람들이 게임 하면서 오류나 버그를 찾아내고 게임에 대한 평가도 남기기 때문에 이를 바탕으로 게임 회사는 정식 출시 전에 게임을 보완하고 완성도를 높일 수 있지요. 이는 이용자가 게임 개발에 도움을 주게 만드는 거예요.

다양한 무료 인공지능 서비스 또한 우리가 베타 테스트를 해 주고 있는 것과 비슷해요. 우리가 무료로 챗GPT를 많이 이용할수록 이 기술을 만든 회사는 좋아할 거예요. 우리가 쓰는 검색어나 명령어가 챗GPT의 발전에 도움이 되거든요. 어떻게 보면 우리는 급여도 받지 않고 그 회사 일을 해 주는 셈이지요.

게다가 우리는 어떤 서비스를 이용하기 시작하면 점차 거기에 익숙해지고, 없으면 못살 것처럼 자꾸 의존하게 되잖아요. 기업 입장에서는 이런 이용자가 많을수록 이익이 되지요. 어느 정도 서비스가 안정되고 이용자가 많아지면 기업은 점점 일부 기능을 유료로 바꿔요. 서비스에 익숙해진 우리는 결국 돈을 내며 사용하게 되지요. 이런 방식으로 기업은 돈을 벌게 돼요.

챗GPT가 잘하는 것과 못하는 것

스스로 마법 같은 프로그램이라고 말하는 챗GPT는 뭐든지 잘하는 척척박사일까요? 잘하는 건 무엇이고, 못하는 건 무엇일까요? 챗GPT를 쓰면서 주의할 점은 무엇일까요? 여러 궁금증을 챗GPT에게 직접 물어볼게요.

챗GPT는 무엇을 잘해?

챗GPT
챗GPT는 다음과 같은 몇 가지 일을 잘해요.
- 자연스러운 대화: 챗GPT는 사람처럼 대화를 진행하고 이해할 수

있어요. 이는 일상 대화, 질문 응답, 요약 등 다양한 대화 형식에서 잘 작동합니다.

- 다양한 주제 다루기: 챗GPT로 다양한 주제와 분야에 대해 학습할 수 있어요. 일상 대화에서부터 과학, 역사, 문학, 엔터테인먼트 등 다양한 주제에 관련된 정보를 제공합니다.

- 창의적인 표현: 챗GPT는 창의적인 표현을 생성할 수 있어요. 이는 시, 소설, 글 등의 창작물을 생성하는 데 도움이 됩니다.

- 번역: 챗GPT는 다양한 언어 간의 번역을 수행할 수 있어요. 이는 다국어 대화나 문서 번역에 유용합니다.

- 요약: 챗GPT는 긴 문장이나 단락을 간결하게 요약할 수 있어요. 이는 긴 텍스트를 읽지 않고도 중요한 정보를 파악하는 데 도움이 됩니다.

챗GPT는 다양한 자연어 처리 작업에서 뛰어난 성능을 보이며, 사람과 기계 간의 상호 작용을 개선하는 데 기여합니다.

챗GPT는 가장 잘하는 것으로 자연스러운 대화를 꼽았어요. 친구와 이야기를 나누거나 채팅하듯이 편하게 말을 건네기 좋아요. 특히 이전에 했던 대화 내용을 기억하는 것이 최고의 장점이지요. 인터넷 사이트에서도 이전에 검색한 기록이 남긴 하지만, 어떤 사이트에서 무슨 내용을 얻었는지 알지 못하잖아요. 반면 챗GPT는 대화 내용을 기억하니까 단순히 검색하는 게 아니고, 서로 이야기를 주고받는 식으로 채팅을 이어 나갈 수 있어요. 답변이 만족스럽지 않을 때도 마찬가지예요. 질문에 대한 답이 너무 간단하거나 어렵다면 "더 구체적으로 설명해 줘.", "더 쉽게 얘기해 줘."라고 요청하면 그에 맞추어 새로 대답해 준답니다.

두 번째로 다양한 주제에 관한 지식과 정보를 얻을 수 있어요. 평소에 궁금한 것이 있다면 챗GPT에게 물어보세요. 세계에서 가장 높은 산이 어디인지처럼 지식 정보를 물어볼 수 있고요, 내가 좋아하는 음악 장르에 대해 더 탐구해 볼 수 있어요. 인터넷 백과사전에서도 알아낼 수 있지 않냐고요? 챗GPT를 활용하면 사전에서 정보를 하나씩 찾는 방식이 아니라 대화를 통해 다양한 정보를 손쉽게 알 수 있어요. 여러 가지 사안을 놓고 비교해 달라고 하거나 물어보는 사람의 수준에 알맞게 답변하는 방식을 바꿔 달라고 할 수 있다는 점에서 사전과는 아주 큰 차이가 있답니다.

세 번째 장점으로는 창작 활동에도 도움을 줄 수 있다는 거예요. 챗GPT는 단순히 대화를 나누는 데 그치지 않고 무언가를 만들어 내는 능력이 있어요. 인공지능 기술이 발전하기 전에는 창작은 사람만이 할 수 있는 고유한 영역이라고 생각해 왔어요. 하지만 챗GPT를 비롯한 생성형 인공지능 프로그램들이 온갖 영역에서 발전하면서 무에서 유를 창조하는 일도 할 수 있게 되었지요. 시, 소설, 수필, 그림, 음악 등 그 어떤 예술 분야도 만들어 낼 수 있어요. 간단하게 내 이름으로 삼행시를 부탁할 수도 있고, 쓰고 싶은 이야기에 대해 물으며 아이디어를 얻을 수도 있어요.

또 다른 장점은 정보 번역과 요약 기능이 있는 거예요. 예를 들어, 내가 좋아하는 해외 축구 선수에 대한 정보를 찾으려고 구글에 검색했는데 그 결과가 온통 영어라면 답답할 거예요. 이럴 때 챗GPT에게 번역을 부탁할 수 있어요. 챗GPT가 축구 선수에 대한 글을 번역해 줬는데 글이 너무 길면 읽기 버겁겠죠? 이럴 때는 "요약해 줘." 네 글자만 쓰면 간단하게 핵심만 쏙쏙 정리해 준답니다. 이 밖에도 챗GPT에는 다양한 기능이 있어요.

그렇다면 챗GPT는 모든 일을 척척 잘하는 만능일까요? 아직은 대답하지 못하는 질문도 있고, 제대로 못하는 일도 있어요. 무엇을 못하는지 챗GPT에게 직접 물어볼까요?

챗GPT가 대답하지 못하는 질문도 있어?

네, 챗GPT도 완벽하지는 않아요. 때로는 제한된 정보나 문맥으로 인해 챗GPT가 대답하지 못하는 질문이 있을 수 있어요. 또한 챗GPT는 사전 학습된 데이터를 기반으로 예측하는 것이기 때문에 정확성이나 신뢰성에 대한 보장은 없어요.

그러나 지속적인 개선과 발전을 통해 이러한 한계들을 극복하고 있어요.

챗GPT가 못하는 건 뭐야?

챗GPT는 아직 몇 가지 한계가 있습니다.

- 실제 이해와 추론 능력의 한계: 챗GPT는 문맥을 이해하고 일반적인 지식을 활용할 수 있지만, 현재로서는 인간처럼 현실 세계를 완전히 이해하거나 추론하지는 못합니다.

- 정보의 오래된 기준: 챗GPT는 최신 정보를 알 수 없으며, 모델이 학습한 정보를 바탕으로만 대화합니다.

- 실용적인 제한: 챗GPT는 복잡한 작업에는 적합하지 않을 수 있습니다. 예를 들어 긴 문서를 작성하거나 복잡한 계산을 수행하는 데는 적합하지 않을 수 있습니다.

- 개인 정보 보호 및 보안 문제: 챗GPT와 같은 모델은 사용자의 입력에 대한 정보를 저장하거나 기억하지 않도록 설계되었지만, 민감한 정보를 다루는 데는 적합하지 않을 수 있습니다.

이러한 한계를 고려해서 챗GPT를 사용할 때는 항상 주의를 기울여야 합니다.

    챗GPT는 실시간으로 보고 들으며 정보를 접하는 우리와 달리 과거의 정보를 학습했고 실시간으로 학습하기는 어려워요. 우리가 지금 무료로 사용하는 챗GPT-4o 버전은 2023년까지의 정보만 학습했어요. 물론 최근엔 인터넷 검색을 연동해서 답을 해 주지만 이 경우 단순 정보 검색만 가능한 수준이라서 완벽하게 학습된 건 아니에요. 그렇다 보니 과거의 일이나 상황을 중심으로 답변하는 한계가 있어요. 실시간으로 벌어지는 일에 대해서는 잘 모르지요.

    또 챗GPT는 모든 정보를 잘 아는 것도 아니에요. 챗GPT는 학습한 정보량에 따라 아는 수준이 달라요. 어느 분야의 정보를 더 많이 학습했는지, 어느 나라의 정보를 더 많이 가지고 있는지 차이가 날 수밖에 없기 때문이에요. 미국의 정보를 많이 학습하고 한국 정보를 조금 학습했다면, 한국에 대해서는 잘 모르겠지요?

　게다가 인터넷에 떠도는 자료가 다 사실은 아니니까 학습한 정보가 사실과 다른 내용일 수도 있어요. 잘못되거나 편견이 가득한 정보를 학습한 경우엔 잘못된 답변을 할 수도 있어요. 제대로 된 정보를 학습했다고 해도 정보를 해석하고 표현하는 과정에서 오류가 발생할 수도 있고요. 챗GPT는 확률적으로 그럴듯한 답을 내놓는 식으로 작동하기 때문에 사실만을 전달하지 않고 뻔뻔하게 거짓말을 할 때도 있어요.

　한편 답변에 여러 오류가 나타나기도 해요. 챗GPT와 끝말잇기를 한 번 해 보세요. 술술 잘할 때도 있지만 말이 안 되는 단어를 불쑥 꺼낼 때가 있어요. 사람을 흉내 낸 인공지능이지만 실제 사람은 아니기 때문에 사람처럼 생각하고, 고민하고, 추론하는 데에는 아직 한계가 있어요. 때로는 사람보다 똑똑한 것 같지만 사람에 대해 정확히 알지 못한다는 한계도 있어요. 내가 지금 무엇을 하는지, 어떤 표정을 짓는지 전혀 몰라요. 당연히 우리의 생각과 감정을 정확히 알아채지 못하고요.

챗GPT는 아주 놀라운 기능을 가진 인공지능 서비스라고 할 수 있어요. 다양한 영역에서 활용할 수 있는 다재다능한 만능 비서 같다는 생각이 들어요. 하지만 한계도 있다는 점을 꼭 기억하면 좋겠어요. 챗GPT의 대답을 무조건 믿어 버리고 의심 없이 주변에 알려 주게 되면 잘못된 정보가 널리 퍼지겠지요? 그건 정말 큰 문제를 불러일으킬 수도 있어요. 우리가 기술의 한계를 잘 알아야 더욱 슬기로운 사용자가 될 수 있답니다.

인공지능 기술 발전, 좋기만 할까요?

기술이 빨리 발전하면 우리의 삶은 전보다 훨씬 편리해질 것만 같아요. 하지만 꼭 그렇지는 않답니다.

'양날의 검'이라는 말을 들어 본 적 있나요? 한마디로 좋은 점이 있으면 나쁜 점도 있다는 뜻이지요. 기술의 발전도 마찬가지로 항상 좋은 변화만 불러오지는 않아요. 예를 들면 자동차가 발명되면서 우리는 먼 거리를 이동하기에 편리해졌지만 교통사고로 다치기도 하고, 매연 때문에 환경이 오염되었어요. 스마트폰 덕분에 언제 어디서나 인터넷을 편리하게 쓰고, 멀리 사는 가족이나 친구와 언제든 얼굴을 보며 통화할 수 있게 되었지만 스마트폰을 이용한 범죄가 사회적인 문제로 떠오르고 있어요.

　　그렇다면 인공지능 기술의 발전이 가져올 문제점은 무엇일까요? 일단 우리 스스로 생각하는 힘이 줄어들 수 있어요. 요즘에는 학교 숙제를 할 때 챗GPT를 이용하는 사람이 많아졌어요. 예를 들어 어떤 나라의 특징에 대해 조사해서 글을 쓰는 게 숙제라고 해 볼까요? 과거에는 그 나라를 소개하는 책이나 신문, 방송 같은 자료를 직접 찾아보면서 자신이 필요한 내용을 얻었어요. 글을 쓰는 과정에서 어떤 정보를 넣고 뺄 것인지 고민도 하고, 자신에게 흥미로운 점은 더 깊이 알아보기도 했지요. 다른 사람들은 어떤 내용을 흥미롭게 생각할지 짐작도 해 보았어요. 이런 과정을 거치다 보면 자연스럽게 자료를 찾는 능력, 자료를 분석하고 정리하는 능력, 글을 쓰기 위해 생각하는 능력, 논리적인 글을 쓰는 능력이 키워졌어요. 하물며 인터넷과 스마트폰을 이용해 자료를 찾더라도 이러한 과정을 거쳐야 했어요. 하지만 챗GPT는 버튼을 누르면 나오는 자판기처럼 이 모든 과정을 생략하고 정돈된 글을 뚝딱 내놓지요. 마치 수학 문제를 풀 때 답안지 그대로 옮겨 쓰는 것이나 마찬가지예요.

챗GPT가 인터넷에서 수많은 정보를 무분별하게 학습하는 과정에서도 문제가 있어요. 온라인 공간에 있는 엄청나게 많은 글과 사진, 영상 등을 학습했는데 정작 어디에 있는 무슨 정보를 학습했는지 제대로 알려 주지 않아요. 그러다 보니 허락 없이 언론사의 기사, 소설가의 소설, 사진가의 사진, 화가의 그림 등을 학습 자료로 사용하고도 이들에게 제대로 된 대가를 지급하지 않았죠. 이 때문에 언론사와 작가들, 이미지를 판매하는 회사에서는 인공지능 회사들과 소송을 벌이고 있어요.

그뿐만이 아니에요. 우리의 사생활이 침해되는 문제도 있어요. 수많은 정보를 학습하는 과정에서 우리가 소셜 네트워크 서비스(SNS)에 올린 글이나 영상, 댓글 등을 학습했을 수도 있어요. 실제로 사진 중심의 SNS인 '인스타그램'의 공개 게시물은 인공지능이 학습할 수 있다고 해요. 그렇다면 내가 SNS에 쓴 일기, 추억을 남기기 위해 올린 가족 사진을 인공지능이 몰래 학습했을 수도 있어요.

개인 정보뿐만 아니라 기업 정보도 새어 나갈 수 있어요.

이런 경우 기업의 보안에 문제가 생겨요. 만약 회사 직원들이 챗GPT에 회사 자료를 입력하여 분석을 맡긴다면 기업의 정보를 인공지능이 학습하게 되고 외부에 새어 나가겠지요. 그래서 많은 기업에서 직원들에게 챗GPT와 같은 인공지능 서비스에 기업 기밀을 입력하지 말라고 주의를 주고 있어요. 우리도 사생활이나 비밀 이야기를 챗GPT에게 하는 것은 조심해야겠지요.

인공지능 기술은 사회 곳곳에 좋지 않은 영향을 미치기도 해요. 챗GPT를 비롯한 인공지능 서비스들은 여러 한계 때문에 부정확한 답을 내놓을 때가 있어요. 그래서 사실과 다른 가짜 뉴스가 인공지능으로 만들어지고 마치 사실처럼 사회에 퍼지는 위험이 있어요. 실제로 인공지능 기술을 활용해서 사람을 속이는 가짜 뉴스가 더더욱 정교해지고 있기 때문에 특히 주의가 필요해요.

또 다른 문제도 생겨났어요. 혹시 챗GPT가 환경에 안 좋은 영향을 미친다는 걸 알고 있나요? 인공지능을 개발하는 과정에서 엄청나게 많은 온실가스가 배출되고 전력을 소모하여 지구 온난화를 가속화시키고 있다고 해요. 2021년 발표

된 한 논문에 따르면 GPT-3을 개발하는 데 쓴 에너지가 무려 1,287메가와트시(MWh)라고 해요. 이게 어느 정도냐면 미국 백이십여 가구가 십 년 동안 소비하는 전력에 맞먹는다고 해요.

이처럼 모든 기술에는 두 얼굴이 있어요. 인공지능이 너무나 놀랍고 편리하지만 그 기술이 가진 한계도 있고요. 잘못 사용할 경우 오히려 사람들에게 해를 끼칠 수도 있어요. 개인과 사회, 그리고 전 지구적으로 악영향을 끼치기도 해요. 기술의 발전이 늘 좋은 일만 가져오는 건 아니에요. 기술 발전의 '속도를 늦출 것이냐, 아니면 긍정적인 면에 집중하여 계속 발전할 것이냐.'가 늘 논쟁이죠. 우리 삶에 가까이 들어온 인공지능의 이로운 점과 문제점을 함께 생각해야 하지요. 문제점을 알아야 인공지능을 더욱 지혜롭게 활용할 수 있으니까요.

앞으로 인공지능의 기능을 하나씩 소개하며 활용 방법을 안내할 거예요. 이때 함께 고민해 볼 문제도 다룰 텐데 여러분은 어떻게 생각할지 무척 궁금하네요.

한 가지 더! 아무리 좋은 도구라도 사용법을 제대로 알지 못하면 무용지물이겠죠? 생성형 인공지능을 사용할 때는 우리가 무엇을, 어떻게 묻는지가 굉장히 중요해요. 우리가 어떻게 질문하고 지시하느냐에 따라 인공지능은 완전히 다르게 대답하기 때문이에요. 그래서 좋은 질문이란 무엇인지, 어떻게 질문해야 더 나은 대답을 끌어낼 수 있는지 함께 탐구해 나갈 거예요. 무엇보다 질문하는 힘을 키우는 게 중요하지요.

장점	단점

2부

챗GPT 학습에 활용하기

지금부터는 챗GPT를 중심으로 인공지능 기술을 활용하는 다양한 방법에 대해 알아볼까요?

우리는 일상을 보내다가 갑자기 궁금한 게 떠오를 때가 있어요. 친구들과 대화하다가 누구의 말이 맞는지 확인해 본 적 있나요? 혹은 학교 숙제를 하면서 여러 정보를 찾아야 할 때도 있지요? 그때 주로 인터넷 포털 사이트나 유튜브 검색을 활용할 텐데요, 챗GPT를 사용하면 인터넷이나 유튜브에서 검색하는 것보다 훨씬 더 편리하고 빠르게 궁금증을 해결할 수 있어요. 인터넷에 검색해서 알아내려면 여러 사이트를 일일이 돌아다니며 열심히 찾아야 해요. 유튜브에 검색한다면 만족스러운 답변을 얻을 때까지 영상을 보고 또 봐야 하죠. 하지만 챗GPT를 활용한다면 채팅으로 간단하게 알 수 있어요. 게다가 인터넷 검색을 통해서는 알아내기 힘든 것도 챗GPT가 알려 줘요.

이제 챗GPT에게 질문하면서 우리에게 필요한 정보를 찾아볼까요?

👉 **상식**

어느 날 학교 과학 시간에 '산'에 대해 배우게 됐어요. 산이 어떻게 만들어지는지, 다양한 산의 모습은 무엇인지에 대해 공부했지요. 그런데 정작 세계에서 가장 높은 산이 어디인지는 배우지 못했어요. 그럴 때는 챗GPT를 통해 간단하게 지식 검색을 해 보세요. 세계에서 가장 높은 산은 어디일까요? 챗GPT에게 물어볼게요.

세상에서 가장 높은 산은 어디야?

 세상에서 가장 높은 산은 에베레스트산입니다. 에베레스트산은 네팔과 티베트 사이에 위치해 있어요. 높이는 약 8,848미터예요.

정답은 에베레스트산이라고 합니다. 그러면 한국에서 가장 높은 산은 어디일까요?

한국에서 가장 높은 산은 어디야?

 한국에서 가장 높은 산은 한라산입니다. 한라산은 제주도에 위치한 휴화산으로 높이는 1,947미터입니다. 만약 한반도에서 가장 높은 산을 찾는다면 백두산(2,744미터)이지만, 북한에 있어서 한국에서 가장 높은 산은 한라산으로 봅니다.

한국에선 한라산이 가장 높은 산이라고 해요. 1,900미터가 넘는 높은 산이지만 에베레스트산과 비교해 보면 생각보다 높지 않다는 생각도 드네요. 여기서 두 산의 높이는 얼마나 차이가 나는지 정확한 수치를 물어볼게요.

그 전에 주의해야 할 점이 있어요. 앞서 말했듯이 챗GPT가 반드시 사실만 말하는 건 아니에요. 정보를 알려주면 사전이나 믿을 만한 인터넷 사이트를 함께 찾아보면서 사실인지 아닌지 확인해 볼 필요가 있어요. 사실인지 아닌지 확인하는 방법은 뒤에서 더욱 자세히 알아볼게요.

에베레스트산은 한라산보다 얼마나 더 높아?

에베레스트산은 한라산보다 약 6,901미터 더 높습니다. 높이 차이를 계산해 보면 아래와 같습니다.

8,848m-1,947m=6,901m

　세상에서 가장 높은 산이나, 한국에서 가장 높은 산을 찾는 일은 인터넷 검색으로도 금방 할 수 있지요. 그런데 두 산의 높이를 비교하려면 두 산의 높이를 알아낸 다음 일일이 계산해야 하는데 챗GPT와 같은 생성형 인공지능을 활용하면 한 번에 답을 알 수 있어요. 물론 계산기를 이용하면 두 산의 높이 차이가 어느 정도인지 알아내는 건 그렇게 어려운 일은 아니에요. 하지만 이렇게 챗GPT로 두 가지 이상의 정보를 비교할 수 있다는 걸 기억해 둔다면 이보다 복잡한 내용에도 비슷한 방식으로 응용할 수 있겠지요.

☞ **정보**

　수업 시간에 세계의 다양한 나라에 대해서 알아보는 공부를 하게 됐어요. 그런데 선생님이 숙제로 "세상에서 가장 부유한 나라가 어디인지 알아 오세요."라고 하신 거예요. 챗GPT를 통해 어딘지 물어볼게요.

세상에서 가장 부유한 나라는 어디야?

챗GPT

"부유한 나라"의 정의는 기준에 따라 달라집니다. 일반적으로 두 가지 주요 지표가 사용됩니다.
1. GDP 2. 1인당 GDP

· GDP 총액 기준으로 가장 부유한 나라는 다음과 같습니다.
1. 미국 2. 중국 3. 독일 4. 일본
이러한 수치는 국가의 경제 규모를 보여 주지만, 국민 개개인의 평균 생활 수준을 직접적으로 반영하지는 않습니다.

· 1인당 GDP 기준으로 가장 부유한 나라는 다음과 같습니다.
1. 룩셈부르크 2. 스위스 3. 아일랜드 4. 싱가포르
이러한 수치는 해당 국가의 국민들이 평균적으로 높은 소득과 생활 수준을 누리고 있음을 나타냅니다.

이 수치는 2024년 기준으로 제공된 것입니다. 경제 지표는 매년 바뀔 수 있으므로, 최신 정보를 확인하시려면 국제 통화 기금(IMF)나 세계은행과 같은 믿을 수 있는 기관의 최신 보고서를 참고하시기 바랍니다.

구체적으로 어떤 기준을 적용하느냐에 따라 다른 결과가

나올 수 있다는 점을 챗GPT가 알려 주고 있어요. 만약 포털 사이트에 검색했다면 여러 기준을 바탕으로 결과가 줄줄이 나올 거예요. 또 질문과 상관없는 이야기가 적힌 사이트도 나올 것이고요. 반면에 챗GPT는 어떤 기준이 있는지 일목요연하게 정리해서 알려 주지요. 우리는 이 기준에 맞춰서 또 다른 질문을 해 볼 수 있답니다.

GDP가 무엇이야?
초등학생이 이해할 수 있게 설명해 줘.

챗GPT

좋아! 초등학생도 쉽게 이해할 수 있게 설명해 줄게.

• GDP(국내 총생산, Gross Domestic Product)란?
"한 나라에서 1년 동안 만들어진 모든 돈의 합계"라고 생각하면 돼!
쉽게 예를 들어 볼게!
네가 피자 가게를 운영한다고 해 보자. 1년 동안 피자를 1,000판 팔았어. 한 판에 10,000원이야. 그럼 1년 동안 번 돈은?
1,000판 × 10,000원 = 1,000만 원
이렇게 되겠지? 그런데 나라에는 햄버거 가게, 옷가게, 자동차 공장, 놀이공원 등등 아주 많은 가게와 공장이 있을 거야. 이 모든 가게와 공장이 1년 동안 번 돈을 다 합친 것이 바로 GDP야.

• GDP가 높다는 것은 무슨 뜻일까?

- 사람들이 돈을 많이 벌고 있다 → 나라가 경제적으로 부자다!
- 회사들이 잘 돌아간다 → 일자리가 많아진다. 그렇게 되면 사람들이 행복할 수도 있어!
- 나라에서 돈을 많이 쓴다 → 도로, 학교, 병원 같은 것도 잘 만들어질 가능성이 커!

하지만 GDP가 높아도 사람들이 다 부자인 건 아니야. 왜냐하면 돈이 일부 사람들에게만 몰릴 수도 있기 때문이야. 그래서 1인당 GDP도 중요해! 1인당 GDP란 사람당 평균적으로 얼마나 버는지를 나타내는 수치야.

이제 GDP가 뭔지 이해됐지?

챗GPT가 한 나라의 부유함을 알 수 있는 기준 중 하나로 알려 준 국내 총생산(GDP)에 관해서 물어봤어요. 이때 이해하기 쉽게 초등학생 눈높이에 맞춰 달라고 요구했어요. 그러자 피자 가게를 예시로 들어 설명했어요. 한 나라에서 생산된 모든 것의 가치를 더하면 국내 총생산이 된다고 설명하고, 이 수가 높고 낮음에 따라 어떤 의미가 되는지 알려 주네요. 만약 눈높이에 대한 요구가 없었다면 어떻게 설명해 줄까요? 그 차이를 살펴볼게요.

GDP가 무엇이야?

국내 총생산(GDP, Gross Domestic Product)은 한 나라 안에서 일정 기간 동안 생산된 모든 최종 재화와 서비스의 시장 가치 총합을 의미해요. 쉽게 말해, 그 나라의 경제가 얼마나 활발하게 돌아가고 있는지를 보여 주는 지표입니다.

GDP는 크게 세 가지 방식으로 계산할 수 있어요.
1. 생산 방식: 한 나라에서 생산된 모든 재화와 서비스의 가치를 합산.
2. 지출 방식: 소비, 투자, 정부 지출, 수출에서 수입을 뺀 값을 합산.
3. 소득 방식: 임금, 이자, 임대료, 기업 이윤 등을 모두 합산.

GDP는 주로 경제 성장률을 판단하는 데 쓰이며, 경제 규모를 비교하거나 경제 정책 수립에 중요한 역할을 합니다.

국내 총생산을 설명하는 쉬운 예를 들지 않고 국내 총생산을 계산하는 방식을 알려 주었어요. 설명에 쓰인 단어들도 초등학생이 이해하기에는 어려워 보여요. 이처럼 같은 질문이라도 우리가 어떻게 질문하느냐에 따라 그 대답은 천차만별이에요. 잘 묻는 것이 얼마나 중요한지 잘 알겠지요?

처음 물어볼 때만 해도 막연하게 부유한 나라에 대해 알아보겠다고 생각만 했지 정확한 기준을 모르기 때문에 조사하기 어려웠어요. 그래서 챗GPT를 활용해 여러 기준에 대해 알게 되고, 그 기준의 뜻을 물어보았지요. 그런 뒤 얻은 답을 바탕으로 다시 질문해 보았어요. 조금은 어렵지만 새로운 정보도 알게 되었지요. 결국은 제대로 된 답을 얻었어요. 이렇게 궁금증이 해결되면 정확한 지식으로 우리 안에 저장될 거예요.

👉 진로와 직업

이번에는 챗GPT를 활용해서 직업이나 진로와 관련한 정보를 얻어 볼게요. 여러분은 어떤 꿈을 지니고 있나요? 10년 뒤 혹은 20년 뒤에 어떤 사람이 되고 싶다고 상상해 본 적이 있나요? 챗GPT가 여러분의 꿈을 결정해 줄 수는 없지만 그 꿈에 대한 정보는 충분히 줄 수 있어요.

요즘 유튜버가 되고 싶은 친구들이 많은 것 같아요. 그래서 가장 먼저 어떻게 해야 인기 유튜버가 될 수 있는지 물어봤어요. 챗GPT는 과연 그 비결을 알고 있을까요?

어떻게 하면 인기 유튜버가 될 수 있을까?

인기 있는 유튜버가 되기 위해서는 다음과 같은 요소들을 고려할 수 있습니다.

- 콘텐츠의 독창성: 독특하고 창의적인 콘텐츠를 만드는 것이 중요합니다. 시청자들이 새로운 경험을 찾으며 유튜브를 시청하므로, 독특한 아이디어나 접근 방식이 필요합니다.

- 규칙적인 업로드: 규칙적인 업로드 일정을 유지하여 시청자들에게 꾸준히 콘텐츠를 보여 주는 것이 중요합니다. 시청자들은 정기적인 업데이트를 기대하며 이를 통해 자신의 관심을 유지할 수 있습니다.

- 시청자와의 소통: 시청자들과의 소통을 통해 커뮤니티를 형성하고 유대감을 유지하는 것이 중요합니다. 시청자들의 의견과 피드백에 귀를 기울이고 이를 반영하여 콘텐츠를 제작하는 것이 좋습니다.

- 꾸준한 노력과 인내: 유튜브에서 인기 있는 채널을 만드는 것은 시간과 노력이 많이 필요합니다. 처음에는 시청자 수가 적을 수 있으나 꾸준한 노력과 인내심을 가지고 계속해서 콘텐츠를 만드는 것이 중요합니다.

이러한 요소들을 고려하여 콘텐츠를 제작하고 홍보하는 것이 인기 있는 유튜버가 되는 데 도움이 될 것입니다.

챗GPT가 유튜버로 성공하는 데 꼭 필요한 사항을 나열해 줬어요. 콘텐츠도 잘 만들어야 하지만 영상을 꾸준하게 업로드해야 하고, 시청자와 소통도 하고, 무엇보다 노력과 인내가 필요하다고 말해 줍니다. 유튜버를 꿈꾸는 친구들에게는 좋은 길라잡이가 될 것 같아요.

이제 유튜버가 갖추어야 할 조건에 대해 알았으니 어떤 콘텐츠를 만들어야 인기를 끌 수 있을까 물어볼까요? 초등학생 친구들을 대상으로 콘텐츠를 만든다면 어떤 콘텐츠를 좋아할지 궁금하네요.

초등학생들은 어떤 유튜브 콘텐츠를 좋아할까?

챗GPT

초등학생들이 좋아하는 유튜브 콘텐츠는 재미있고 쉽게 이해할 수 있는 것이 많습니다. 그리고 짧고 몰입감 있는 영상을 선호합니다. 콘텐츠 유형은 아래와 같습니다.

• 게임 플레이: 인기 있는 게임을 플레이하고 해설하는 콘텐츠는 많은 초등학생들이 즐깁니다. 게임을 좋아하는 초등학생들이 게임을 즐기는 방법을 배우는 데 도움을 얻을 수 있습니다.

• 장난감 리뷰: 인기 있는 장난감이나 피규어를 소개하고 리뷰하는 콘텐츠는 초등학생들에게 매력적입니다. 장난감 리뷰를 통해 새로운 제품을 알게 되고 자신이 원하는 장난감을 선택할 수 있습니다.

• 과학 실험: 교육적이면서도 재미있는 과학 실험을 소개하는 채널은 초등학생들에게 매력적입니다. 실험을 따라하면서 과학적 원리를 배우고 실제로 직접 실험해 보는 경험을 할 수 있습니다.

> • 슬라임 만들기: 슬라임 만들기는 초등학생들이 즐기는 놀이입니다. 다양한 색깔, 촉감, 소리를 가지고 있어 보는 재미와 듣는 재미를 선사할 수 있습니다.
> 이러한 유형의 콘텐츠를 제공하는 유튜브 채널은 초등학생들에게 인기가 있으며, 교육적인 요소와 재미를 결합하여 시청자들에게 즐거운 경험을 제공할 수 있습니다.

답변을 읽으면서 떠오르는 유튜버가 있나요? 돌이켜 보면 초등학생 친구들이 즐겨 보는 유튜브 콘텐츠는 대체로 이런 유형에 속하는 거 같아요. 평소에 즐겨 보는 콘텐츠이긴 하지만 이렇게 유형에 따라 정리해 놓으니 이해가 잘 되지요? 유튜버를 꿈꾼다면 챗GPT가 제안해 준 콘텐츠에서 골라서 시도할 수도 있겠지요. 꿈을 이루기 위한 첫걸음이 되겠네요! 이렇게 내가 하고 싶은 활동이 있다면 챗GPT에게 어떻게 실행에 옮길 수 있는지 물어보고 괜찮은 아이디어도 얻을 수 있어요.

그뿐만이 아니에요. 여러 가지 직업에 대한 궁금증을 해결할 수도 있어요. 어린이와 청소년들 사이에서 유튜버만큼이나 인기 있는 직업이 웹툰 작가인 것 같아요. 하지만 인공지능이 너무 빠르게 발전하면서 웹툰도 그려 내기 때문에 고민에 빠진 학생이 많다고 해요. '내가 어른이 됐을 때 그 직업이 사라지는 건 아닐까?', '열심히 준비했는데 사람이 필요 없어지면 어쩌지?' 이런 걱정이 들 수 있어요. 챗GPT는 여기에 대해 어떻게 대답해 줄까요?

요즘 AI로 웹툰을 그리기도 하는데, 웹툰 작가는 미래에 없어질까?

챗GPT

AI가 웹툰을 그리는 기술이 발전하고 있지만, 웹툰 작가의 역할은 여전히 중요합니다. 웹툰 작가는 자신만의 창의적인 아이디어와 이야기를 표현하고, 캐릭터를 개발하며, 독자들의 반응을 고려하여 콘텐츠를 제작합니다.

AI로 웹툰을 그린다 해도 그림만으로는 웹툰을 완성할 수 없습니다. 이야기 전개, 캐릭터의 감정 표현, 레이아웃 등에는 여전히 인간의 창의력과 감성이 필요합니다. 게다가 웹툰 작가는 자신의 작품으로 독자들과 소통할 수 있는데, 이러한 인간적인 측면은 AI로 대체할 수 없는 부분입니다.

물론 기술이 발전하면서 AI가 웹툰 작업에 도움을 주거나 일부 과정을 자동화할 수 있을 것입니다. 하지만 웹툰 작가의 역할은 여전히 필요하며, 자신만의 독특한 스토리텔링과 예술적인 표현을 통해 독자들에게 새로운 경험과 감동을 전달할 것입니다. 따라서 웹툰 작가가 없어질 가능성은 낮다고 볼 수 있습니다.

이 답변을 받는다면 안심하고 웹툰 작가를 계속 꿈꾸고 준비해도 되지 않을까요? 답변에서 인상적인 내용은 아무리 뛰어난 챗GPT라도 사람이 할 수 있는 일을 뚜렷하게 구분하고 챗GPT는 돕는 역할일 뿐이라고 말한다는 점이에요. 이처럼 우리가 챗GPT를 사용할 때는 얼마만큼 도움을 얻을지 스스로 생각해 봐야 하지요.

이렇게 꿈에 대한 고민이 있을 때 챗GPT에게 물어보면 돌다리도 두들겨 보고 건너듯 궁금한 점을 해결하고 미래를 향해 나아갈 수 있어요.

얘기가 나온 김에 인공지능과 일자리에 대해 잠깐 대화를 나눠 볼까요? 인공지능이 그림을 그려 주긴 하지만 사람만이 할 수 있는 역할이 여전히 중요하다는 걸 알게 됐는데, 그러면 인공지능이 일자리에 영향을 미치지는 않는 걸까요?

사실 기술이 발전하면 사람들의 일자리는 큰 영향을 받을 수밖에 없어요. 예를 들어 마차가 다니던 시대에는 마차를 이끌던 마부의 역할이 중요했어요. 말을 잘 길들여서 길을 벗어나지 않도록 잘 이끌어야 했죠. 하지만 자동차가 등장하면서 마부들은 어떻게 됐을까요? 점점 마부가 줄어들고 지금은 길거리에서 말을 타고 다니는 사람을 전혀 볼 수 없어요. 결국 마부라는 일자리가 사라져 버린 것이죠.

요즘에도 비슷한 일이 벌어지고 있어요. 요새 식당에 가면 흔히 키오스크라고 불리는 무인 단말기를 설치한 곳이 늘고 있어요. 처음에는 맥도날드나 롯데리아 같은 패스트푸드 가게를 중심으로 설치했는데 지금은 동네 식당에서도 키오스크로 주문받는 경우가 많아요. 테이블마다 주문하는 태블릿 피시가 놓인 곳도 많죠. 어떤 식당에서는 로봇이 서빙을 해 주기도 해요. 이렇게 식당에 기계가 많아졌다는 건 식당에서 주문을 받고 서빙을 하는 사람들의 일이 줄어든다는 뜻이지요. 식당 사장님은 직원을 고용하는 대신 기계를 쓰면 비용을 줄일 수 있겠지만, 사람들은 식당에서 일자리를 구하기 어려워질 거예요. 이렇게 기술의 발전은 지금도 실시간으로 우리의 일자리에 영향을 미치고 있어요.

인공지능은 어떤 분야의 일자리에 얼마나 영향을 미칠까요? 2023년 3월, 챗GPT를 만든 회사인 오픈AI와 미국 펜실베이니아 대학교 연구진이 생성형 인공지능으로 피해를 보는 직업을 조사해 발표했어요. 그 내용을 보면 인공지능으로 일자리가 줄어들 것으로 예상되는 직업으로 수학자, 세무사, 회계사, 작가, 웹디자이너, 기자, 통역사, 번역사 등이 꼽혔어요.

사실 이전에는 몸으로 하는 노동을 기계가 대신하는 경향이 강했어요. 예를 들어 옛날에는 사람의 힘이나 숙련된 신체 기술로 하던 농사를 지금은 농기계나 로봇이 대신 짓는 식이죠. 키오스크도 주문을 받는 사람의 노동을 대신해 주고 있고요. 그런데 사람의 지능을 흉내 낸 인공지능 기술이 발전하다 보니 이제는 사람이 생각하고, 연구하고, 창작하는 일에까지 영향을 미치기 시작했어요. 글 쓰고, 번역하고, 디자인하는 등 다양한 지적인 활동까지 인공지능이 따라잡기 시작한 거예요.

그러면 기계와 인공지능이 모든 걸 대신하게 되면 나중에는 우리의 일자리가 모두 사라지는 것은 아닐까요? 전문가들이 말하기를 꼭 그렇지만은 않다고 해요. 많은 일자리가 줄어들거나 사라질 수 있겠지만, 사람의 일이 몽땅 사라지는 건 아니라는 말이에요. 웹툰 작가 이야기로 돌아가 보면 수십 년 전만 해도 만화를 그리는 작가들은 밑그림을 그리고 등장인물과 배경을 그리고 색을 입히는 모든 작업을 일일이 손으로 했어요. 실수로 잘못 그리면 처음부터 다시 그리는 일도 다반사였고요. 그런데 지금 웹툰 작가들은 컴퓨터 기기를 활용해서 클릭 한 번에 색을 입힐 수도 있고, 잘못 그리게 되더라도 파일로 저장이 되기 때문에 바로 직전에 그렸던 그림으로 되돌려서 작업을 할 수 있어요. 일의 성격이나 방식이 달라질 수 있지만 모든 직업이 무조건 사라지진 않을 거예요.

한편으로는 새로운 일자리가 계속 생겨나고 있어요. 인공지능이 발전하면서 그 기술을 개발하는 사람들이 더 많이 필요하지요. 컴퓨터 프로그래머나 게임 개발자와 같은 직업은 몇십 년 전만 해도 아예 찾아볼 수 없었어요. 컴퓨터를 비롯한 전자 기기가 만들어지면서 새로운 직업이 많이 생겨났거든요. 오늘날 마부는 사라졌지만, 운전기사라는 직업이 생겨난 것처럼요.

요컨대 인공지능 기술이 사람들의 일하는 방식과 일자리에 큰 영향을 주는 건 사실이에요. 어떤 직종은 완전히 사라질 수도 있어요. 생계에 아주 큰 위협이 되겠지요. 하지만 너무 두려워하지는 마세요. 미리 알고 대비하면 되지요. 물론 모든 사람의 모든 일자리가 사라지거나 줄어드는 것은 아니에요. 어떤 직업은 일하는 방식이 바뀌기도 하고, 달라지는 것이 없는 직업도 있을 거예요. 기술이 발전하면서 이전에는 없던 새로운 일자리가 무궁무진하게 생겨날 수도 있지요.

앞으로 어떤 직업이 사라지고 생겨날까?

우리 미래는 어떻게 달라지는 걸까?

챗GPT에게 내가 꿈꾸는 장래희망을 위해 어떤 노력을 해야 하는지 물어보세요. 챗GPT의 답변을 간단히 정리해 보세요.

• 나의 장래희망: _____

🤖 만약 장래희망이 없다면, 미래에는 어떤 직업이 새롭게 생겨날지 물어보세요.

🤖 여러분이 좋아하거나 관심 있는 것에 대해 얘기하고, 이것과 관련이 있는 직업은 무엇인지 물어보세요.

우리는 챗GPT로 궁금증을 푸는 방법을 알아봤어요. 이번에는 학교 숙제를 하거나 숙제한 내용을 발표해야 할 때 챗GPT에게 어떤 도움을 받을 수 있는지 알아볼게요.

〈 우리 반 숙제 〉

환경을 주제로 자기가 관심 있는
사회 문제를 조사해 오세요.
다음 주 사회 시간에 5분 동안 발표할 거예요!

- 선생님

눈을 감고 이런 상상을 해 볼까요? 어느 날, 점심 시간에 친구들과 놀고 교실에 돌아왔더니 칠판에 이런 글이 적혀 있어요.

선생님이 언제 다녀가신 걸까요? 게다가 숙제라니! 반 친구들은 시끌시끌해졌어요. 당장 다음 주라면 시간이 일주일도 남지 않았어요. 자, 이제 눈을 떠 보세요. 눈을 떴는데도 막막해서 눈앞이 캄캄하다고요?

발표를 하려면 무엇을 어떻게 해야 할지 순서부터 정리해 봤어요. 처음에는 어떤 주제로 발표할지 정하는 과정이 필요해요. 물론 선생님이 구체적인 주제를 정해 주실 때도 있지만 이번에는 환경 문제 중에서 각자 알아서 주제를 정해야 한다고 했어요. 그러니까 여러 문제 중에서 어떤 것을 다룰지부터 고민해야 해요. 이럴 때는 여러 주제를 나열한 다음 지금 이 시점에 가장 중요해 보이고, 또한 내가 관심이 있는 주제 중에서 고르면 더욱 재미있게 발표를 준비할 수 있어요.

주제를 정했다면 본격적인 발표를 준비해야겠죠? 그런데 아무것도 모르는 상태에서 발표할 수 있을까요? 발표라는 건 내가 공부한 내용을 잘 정리해서 전달하는 것인데, 공부를 하지 않으면 제대로 전달하기 어려울 수밖에 없어요. 그래서 주제와 관련된 공부를 하는 과정이 중요해요. 그다음에는 공부한 내용 중에서 꼭 발표에 들어갈 필요가 있는 내용을 정하고 발표 자료를 만들면 돼요. 마지막으로 주어진 시간에 맞춰 발표 대본을 쓰고 연습도 하면 완벽하겠지요?

〈발표 준비 순서〉

1. 구체적인 발표 주제 선정
2. 주제와 관련된 공부
3. 발표에 들어갈 목차와 내용 정하기
4. 발표 자료 만들기
5. 대본 쓰고 연습하기

이번 발표 주제로 지금 전 세계적으로 아주 중요하면서도 시급한 문제인 '지구 온난화'를 다루어 볼까요? 주제를 정했다면 두 번째 순서인 '공부'를 하기 위해 기초적인 조사가 필요해요. 이럴 때 챗GPT를 활용하면 돼요.

지구 온난화가 뭐야?

챗GPT

지구 온난화는 지구의 대기 중에 있는 온실가스의 농도가 증가함에 따라 지구의 기온이 상승하는 현상을 말합니다. 이산화탄소(CO_2)와 같은 온실가스는 태양으로부터의 열을 지구로 향하는 빛을 흡수하고 다시 방출하여 지구의 온도를 높입니다. 이러한 과정은 자연적으로 발생하지만, 인간의 활동으로 인해 온실가스의 농도가 급격하게 증가하고 있습니다.

인간의 활동 중에는 화석 연료(석탄, 석유, 천연가스)의 사용, 산림 파괴, 산업 활동, 농업 등이 있습니다. 이로 인해 대기 중 이산화탄소와 메탄, 이산화 질소 등의 온실가스 농도가 증가하고 있습니다. 온실가스의 증가로 지구 기온이 상승하고, 이로 인해 지구의 기후와 생태계에 심각한 영향을 미치는 것이 지구 온난화입니다.

지구 온난화는 극지방의 빙하와 빙산이 녹는 현상, 해수면 상승, 극심한 기상 변화, 생태계의 변화와 생물 다양성 감소 등 여러 문제를 가져옵니다. 이로 인해 인류뿐만 아니라 지구 상의 다양한 생명체들에게도 심각한 위협이 됩니다.

지구 온난화에 대한 기초적인 정보는 얻은 것 같아요. 이번에는 구체적인 내용을 물어보는 게 좋겠지요. 지구 온난화의 심각성을 전하려면 구체적인 사례를 알려 주는 것이 효과적일 테니까요. 어떤 사례가 있는지 챗GPT에게 물어볼게요.

지구 온난화 문제가 드러나는 사례들을 알려 줘.

> 되도록 숫자가 같이 나오면 좋겠어.

챗GPT

지구 온난화는 전 세계적으로 다양한 사례를 통해 드러나고 있습니다. 몇 가지 중요한 사례와 관련된 숫자들을 소개하겠습니다.

1. 극지방의 얼음 감소
북극 해빙은 1979년 이후 약 40퍼센트가 감소했습니다. 특히, 여름철에 해빙 면적이 급격히 줄어들고 있으며, 2012년 여름에는 해빙 면적이 약 341만 제곱킬로미터로, 역사상 가장 적은 면적을 기록했습니다.

2. 해수면 상승
1900년 이후 전 세계 해수면은 평균적으로 약 20센티미터 상승했습니다. 최근에는 매년 약 3.3밀리미터씩 상승하는 것으로 보이며, 이 추세는 향후 수세기 동안 계속될 것으로 예상됩니다.

3. 산불 빈도와 강도 증가
2019~2020년에 일어난 호주 산불로 약 1,800만 헥타르가 불에 탔고, 3억 마리 이상의 동물이 피해를 입었습니다.

4. 지구 평균 기온 상승
1880년 이후, 지구의 평균 기온은 약 1.2도 상승했습니다. 특히 21세기 들어 기온 상승 속도가 급격히 빨라졌습니다.

5. 기상 이변의 증가
2021년 유럽에서는 프랑스와 스페인 등에서 기록적인 폭염이 발생했으며, 2019년에는 프랑스에서 최고 기온 46도를 기록하기도 했습니다.

6. 생태계와 생물 다양성의 감소
기온 상승으로 인해 해양 온도가 높아지면서, 산호초가 대량으로 백화 현상을 겪고 있습니다. 특히, 호주의 대보초에서는 1990년대 후반 이후 약 50퍼센트의 산호초가 사망했거나 백화되었습니다.

7. 농업에 미치는 영향
아프리카와 아시아의 일부 지역에서는 기온 상승과 물 부족으로 인해 농작물 생산량이 10~20퍼센트 감소한 사례가 보고되고 있습니다.

이와 같은 사례들은 지구 온난화가 전 세계적으로 심각한 영향을 미치고 있다는 것을 보여 줍니다. 이러한 현상들은 사람들의 생활에 직접적인 영향을 미치며, 지속적인 기후 변화 대응 노력이 필요합니다.

챗GPT가 여러 사례를 제시해 줬어요. 발표할 때 여러 통계 자료가 있으면 좋을 것 같아서 물으니 구체적인 통계도 알려 줬어요. 이 통계 자료의 출처가 궁금하면 "출처는 어디야?"라고 다시 물어보면 된답니다.

여기서 중요한 건 챗GPT에게 처음부터 끝까지 맡겨서는 안 된다는 점이에요. 왜냐하면 인공지능이 알려 준 정보에 깊이 있는 내용이 없을 수도 있고, 잘못된 내용을 말해 줄 가능성도 있기 때문이지요. 그래서 발표를 준비하는 과정에서 인공지능의 도움을 받으면서도 직접 여러 자료를 찾아보는 게 좋아요. 서점이나 도서관에 가서 주제와 관련된 책을 보거나 인터넷 기사를 통해서 지구 온난화와 관련된 자료를 찾아볼 수 있어요. 특정한 주제를 조사할 때는 믿을 만한 정보를 제공하는 기관이 어느 곳인지 아는 것도 중요해요.

그렇다면 어떻게 믿음직한 기관을 찾을 수 있을까요? 우리나라 정부에서는 다양한 분야를 연구하고 발전시키는 조직을 운영하고 있어요. 의학과 관련된 건 보건 복지부, 스포츠나 문화·예술과 관련된 건 문화 체육 관광부, 산업과 관련된 건 산업 통상 자원부, 그리고 환경과 관련된 문제는 환경부가 담당하는 식이지요. 지구 온난화는 중요한 환경 문제이기 때문에 환경부 홈페이지에 접속해서 자료들을 찾아보면 돼요.

특히 챗GPT가 '어느 때'처럼 시기나 시간에 관한 정보를 줄 때는 주의해야 됩니다. 위 답변을 보면 '태풍과 허리케인 강도'에 대해 설명하면서 "최근 몇 년"이라는 표현이 나와요. 이때 언제를 기준으로 '최근'이라고 하는 것일까요? 챗GPT에게 물어보니 2020년대 초반이라고 두루뭉술하게 대답해요. 챗GPT는 과거에 학습된 정보를 바탕으로 답변하기 때문에 '어느 때'를 특정해서 말할 때는 지금 현재의 자료가 아닌 경우가 많아요. 그래서 한 번 더 검색하고 확인하는 습관이 꼭 필요해요.

찾은 자료를 정리하는 과정에서도 챗GPT의 도움을 받을 수 있어요. 챗GPT에는 요약 기능이 있어요. 조사를 하는 과정에서 인터넷상의 수많은 자료를 일일이 읽고 발표에 쓸 만한 자료인지 아닌지 하나하나 확인해야 한다면 왠지 막막하게 느껴질 거예요. 그럴 때는 자료를 복사한 다음 챗GPT 프롬프트 창에 붙여 넣기를 하세요. 그다음에 "요약해 줘."라고 입력하면 내용을 짧게 정리해 준답니다. 물론 제대로 요약이 되었는지, 중요한 내용이 빠지지 않았는지, 발표자와 청중이 모두 이해할 수 있는 내용인지, 발표 주제와 맞는 내용인지 꼭 확인해 봐야겠지요?

더 나아가 챗GPT에게 발표 주제와 관련된 책이나 영화, 드라마 등을 추천해 달라고 해 볼까요? 지구 온난화를 다룬 우리나라 책은 무엇무엇이 있나 물어볼게요.

지구 온난화 관련 정보를 찾아볼 수 있는 한국에서 출간된 책을 알려 줘.

챗GPT

한국에서 출간된 지구 온난화 관련 책 중 몇 가지를 아래에 소개합니다.

1. 『지구 온난화의 길』(김용준, 조희연 저): 지구 온난화의 원인과 영향에 대해 다루며, 대응 방안을 제시하는 책입니다.

2. 『우리의 미래, 지구 온난화와의 전쟁』(정석운, 이영희 저): 지구 온난화에 대한 과학적 정보와 그 영향에 대해 이해하기 쉽게 설명하며, 대응책에 대해 논의하는 책입니다.

3. 『지구 온난화, 이대로 괜찮나요?』(이진영, 이원규 저): 지구 온난화에 관련된 다양한 이슈와 대응책을 다루는 책으로, 일반 독자들에게 친숙한 용어와 예시를 사용하여 설명합니다.

이 외에도 다양한 출판사와 저자들이 지구 온난화에 관련된 책을 출간하고 있으므로, 도서관이나 온라인 서점에서 검색하여 더 많은 자료를 찾을 수 있습니다.

제목 말고도 글쓴이와 내용 소개까지 해 주었어요. 이 책들까지 읽으면 발표 준비를 완벽하게 할 것 같지요? 여기서 잠깐! 인터넷 서점 사이트에 접속해서 책 제목을 검색해 보세요.

> **검색 결과**
>
> '지구 온난화의 길 김용준 조희연'에 대한 검색 결과가 없습니다.
>
> · 입력한 검색어의 철자 또는 띄어쓰기가 정확한지 다시 한번 확인해 주세요.
> · 검색어의 단어 수를 줄이거나, 보다 일반적인 검색어를 사용하여 검색해 보세요.
> · 입력한 검색어를 **목차에서 검색**해보세요.
>
> 검색결과에 만족하시나요? 👍 👎

 이런, 검색 결과를 찾을 수 없다고 떠요. 사실 이 책들은 모두 출판되지 않았어요. 챗GPT가 없는 책을 지어낸 거예요!

 이렇게 챗GPT가 사실이 아닌 것을 사실처럼 말하는 현상을 '환각 현상'이라고 불러요. 방금 본 것처럼 챗GPT가 특정 책이나 가게 이름 등을 말할 때 거짓으로 지어낼 때가 종종 있어요. 챗GPT가 말한 숫자나 사건들도 그대로 믿어서는 안 돼요. 환각 현상이 왜 발생하는지는 나중에 자세히 설명할게요.

 챗GPT의 답변이 거짓인 경우도 있으므로 답변 내용이 사실인지 꼭 확인해 봐야 한답니다. 지구 온난화 문제를 다룬 '진짜' 책을 찾으려면 실제로 책을 판매하는 인터넷 서점 사이트나 책을 빌려 주는 도서관 사이트에 접속해서 '지구 온난화'라는 키워드로 검색하면 돼요.

지구 온난화에 대해 이해했지만, 발표하려니 여전히 막막하다는 생각이 들어요. 발표할 목차와 내용을 정리해 보면 자신감이 생길 거예요. 이 단계에서 챗GPT의 도움을 받아 볼까요? 어떤 순서로 발표를 하면 좋을지 물어볼게요.

나는 지구 온난화에 대해 짧게 발표해야 해.
목차나 발표 순서를 짜 줄래?
참고로 나는 초등학생이야.

챗GPT

초등학생 수준에서 지구 온난화에 대해 발표할 때, 간단하고 이해하기 쉬운 목차를 만드는 게 중요해요. 아래와 같은 목차를 참고해 보세요.

1. 지구 온난화란 무엇일까?
- 지구 온난화의 정의
- 왜 지구가 더워지고 있을까?

2. 지구 온난화의 원인
- 온실가스란 무엇인가?
- 인간 활동이 미치는 영향

3. 지구 온난화의 영향
- 북극의 얼음이 녹고 있다
- 해수면 상승
- 산불과 기상 이변

4. 지구 온난화로 인한 문제들
- 동물과 식물들에게 생기는 위험
- 농업에 미치는 영향

5. 우리가 할 수 있는 일
- 에너지 절약
- 재활용하기
- 나무 심기

6. 마무리

- 지구를 지키는 우리 역할의 중요성

이렇게 목차를 짜면 지구 온난화의 개념부터 원인, 영향, 해결 방법까지 짧고 쉽게 발표할 수 있을 거예요. 각 항목을 간단히 설명하고, 마지막에 우리가 할 수 있는 일을 이야기하면 좋은 발표가 될 거예요!

자, 발표할 목차가 나오고 기본적인 공부도 마쳤으니 이를 바탕으로 알맹이를 채워야 할 때가 됐어요. 목차를 참고해서 '나만의 발표'를 준비해 봅시다. 발표를 시작할 때 청중의 관심을 끄는 게 중요한데 어떻게 하면 좋을지 물어볼게요.

지구 온난화 문제에 대해서 발표할 건데 사람들의 관심을 끌 수 있도록 흥미롭게 시작하는 방법이 있을까?

챗GPT

지구 온난화에 대한 발표를 시작할 때 사람들의 관심을 끌 수 있는 몇 가지 방법은 다음과 같습니다.

• 비유나 질문으로 시작하기
"여러분, 여름에 얼음이 녹는다고 상상해 보세요. 이게 이상하게 들리지 않나요? 하지만 실제로 지금 우리가 겪고 있는 일입니다."

• 흥미로운 사실이나 통계 제시하기
"모두가 알고 있듯이 과거 100년 동안 지구의 평균 기온이 상승했습니다. 그러나 신기한 점은 우리가 가장 따뜻한 연도를 더 자주 경험하고 있다는 것입니다."

• 감동적인 이야기나 인용구 사용하기
"지난해 알래스카에서 빙하가 녹아 폭포처럼 흘러내리는 모습을 보신 적이 있나요? 이것은 우리가 지금 직접 목격하고 있는 지구 온난화의 현실적인 결과입니다."

• 상상력을 자극하기
"상상해 보세요. 바닷물이 해안으로 침입하고, 푸른 파도가 거대한 도시를 뒤덮는 모습을. 이것은 우리가 지구 온난화에 대해 생각해야 할 미래의 한 장면입니다."

이러한 방법들을 사용하여 시작하면 청중의 관심을 끌 수 있고, 지구 온난화에 대한 중요성을 더욱 명확하게 전달할 수 있습니다.

챗GPT가 흥미롭게 시작하는 방법을 여러 가지 말해 줬어요. 그중에서 마음에 드는 걸 골라 써도 되지만, 챗GPT의 제안을 잘 다듬어 쓰거나 스스로 생각한 말로 시작한다면 더 좋겠지요. 챗GPT에게 멋진 마무리 발언도 부탁해 볼게요.

멋진 마무리 발언을 만들어 줘.

 지구 온난화로 초등학생 대상으로 하는 발표의 멋진 마무리 발언은 다음과 같을 수 있습니다.

> "우리는 오늘 지구 온난화에 대해 많은 것을 배웠습니다. 이제 우리의 지구를 지키기 위해 할 일이 있습니다. 작은 일이라도 우리의 생활에서 온실 가스 배출을 줄이고, 에너지를 절약하며, 자연을 보호하는 노력을 하겠습니다. 우리 모두가 함께 노력한다면 우리의 지구는 더 나은 곳이 될 수 있습니다. 감사합니다."

챗GPT가 마무리 발언까지 만들어 줬어요. 하지만 다소 평범하게 느껴져요. 그대로 쓰는 건 추천하지 않아요. 발표할 때 시작과 마무리는 무척 중요하기 때문이지요. 시작하는 말도 그렇지만, 마무리 발언은 발표자가 스스로 생각할 때 더 강조하고 싶은 내용이나 친구들이 관심 있는 내용을 담는 것이 더 좋겠어요.

어디까지나 챗GPT는 우리가 참고할 만한 정보를 제공해 주는 도구일 뿐이에요. 나의 노력이 함께 더해질 때 훨씬 더 나은 결과물을 만들 수 있어요. 스스로 노력하고 생각한 발표가 되어야 진짜 자신의 것이 될 수 있어요. 상상해 보세요. 만약 반 친구들 모두 챗GPT의 답변을 그대로 가져와 같은 내용을 말한다면 어떻게 될까요? 듣는 이들은 정말 황당하겠지요. 이런 식이라면 이 세상에 더 이상 새로운 정보나 지식, 이야기가 탄생하지 않을 거예요.

지금까지 챗GPT를 활용해 발표를 준비해 봤어요. 우선 발표 주제에 대해 알아볼 수 있고, 챗GPT가 발표할 내용의 목차를 짜 주기도 했어요. 발표의 알맹이라고 할 수 있는 지구 온난화 문제의 여러 사례도 알려 줬어요. 시작하는 말과 마무리 발언도 챗GPT의 도움을 받아서 순식간에 짤 수 있었어요. 이 과정에서 꼭 명심해야 할 점이 있어요. 챗GPT는 어디까지나 우리에게 도움을 주는 도구일 뿐 숙제나 발표 준비를 모조리 대신해 주는 게 아니에요. 도움을 얻으면서도 그 주제에 대해서는 스스로 더 알아보고 내 생각을 충분히 드러낼 수 있어야 진짜 공부가 되는 것이지요.

💬 여러분이 좋아하는 것이 있나요? 게임, 책, 연예인 등 떠오르는 것을 자유롭게 써 보세요.

💬 한 가지를 골라 이것에 대해 짧은 발표를 한다고 생각해 볼게요. 챗GPT에게 발표 목차를 요청하고 그 답변을 아래에 정리해 주세요.

챗GPT 답변이 만족스러웠나요? 답변에 여러분의 생각을 더해 '나만의 발표 목차'를 새롭게 써 보세요.

챗GPT의 답변에서 알아낸 내용과 여러분의 생각을 함께 정리하여 발표문 열 줄로 써 보세요.

　한 유튜버가 챗GPT에게 식당을 추천받는 영상을 올린 적이 있어요. 위 답변을 본 유튜버는 "두 곳을 추천해 줬네요."라고 말하고선 주문을 하기 위해 인터넷 검색창에 챗GPT가 추천해 준 식당을 검색했어요. 그런데 아무런 답이 나오지 않았어요. 실제로는 없는 식당이었지요. 유튜버는 황당해하며 "너 즉석에서 지어냈지?"라며 챗GPT에 따져요. 도대체 어떻게 된 걸까요? 챗GPT는 정말 똑똑하다고 알고 있는데 왜 잘못된 사실을 전달한 걸까요? 챗GPT가 등장하고 나서 많은 사람이 신기해하며 이용했는데 잘못된 정보를 접하게 되면서 황당해한 일은 한두 번이 아니에요.

말도 안 되는 걸 물어봤을 때 엉뚱한 답변을 하는 경우도 있어요. 챗GPT가 등장한 지 얼마 안 되었을 때 한 사용자는 챗GPT에게 "세종 대왕 맥북 던짐 사건에 대해 알려 줘."라고 물어봤다고 해요. 당연히 조선 시대의 임금인 세종 대왕이 스마트 기기인 맥북을 던졌을 리가 없잖아요. 하지만 챗GPT는 이렇게 대답했어요.

세종 대왕 맥북 던짐 사건에 대해 알려 줘.

 챗GPT
세종 대왕의 맥북 던짐 사건은 역사 서적인 조선왕조실록에 기록된 일화이다. 세종 대왕이 새로 개발한 훈민정음의 초고를 작성하던 중 문서 작성 중단에 대해 담당자에게 분노하여 맥북 프로와 함께 그를 방으로 던진 사건이다.

질문 자체가 말이 안 되는 건데, 실제 있는 사건처럼 꾸며 냈어요. "그런 사건은 없습니다."라고 하거나 "잘 모르겠습니다."라고 답해야 할 것 같은데 뻔뻔하게 지어내 버린 것이죠. 이 황당한 답변은 챗GPT가 거짓말을 하는 사례로 언론

에도 보도되었어요. 게다가 챗GPT는 같은 질문에 늘 똑같은 답변을 내놓는 건 아니에요. 물을 때마다 다르게 답변할 수도 있어요.

한 번 더 시험해 볼까요? 한동안 우리나라 사람들의 사랑을 듬뿍 받았던 판다 '푸바오'를 기억하나요? 귀여운 판다 푸바오에 대해 물어보면 어떤 답이 나올까요?

에버랜드의 푸바오가 누구니?

챗GPT

에버랜드의 푸바오는 대한민국 서울에 위치한 대규모 테마파크인 에버랜드(Everland)에 등장하는 캐릭터입니다. 에버랜드는 한국에서 가장 유명한 테마파크 중 하나로, 다양한 라이딩과 쇼, 그리고 캐릭터들이 인기를 끌고 있습니다.

푸바오는 에버랜드 내에 위치한 '어드벤처 랜드'라는 구역에서 만나볼 수 있는 캐릭터 중 하나로, 중국을 배경으로 한 테마와 관련이 있습니다. 에버랜드는 다양한 캐릭터들과 테마를 통해 방문객에게 다채로운 경험을 제공하고 있으며, 푸바오 또한 그중의 한 캐릭터로서 '어드벤처 랜드' 구역에서 만나볼 수 있습니다.

언뜻 보면 '에버랜드', '테마파크', '중국'이라는 단어가 보여서 그럴듯한 답변 같아요. 하지만 푸바오는 판다의 이름인데 캐릭터의 이름이라고 말했네요. 혹시 같은 이름의 다른 캐릭터가 있는데 우리가 모르는 걸까요? 혹시나 해서 인터넷에 검색해 봐도 푸바오라는 이름의 캐릭터는 찾을 수 없었어요. 또 틀린 정보가 있어요. 에버랜드는 서울이 아닌 경기도 용인시에 있고요, 푸바오가 있던 곳은 '어드벤처 랜드'가 아니라 '판다 랜드'였어요. 정말 그럴싸한 답변이었지만 곳곳에 틀린 정보가 있지요.

세상을 놀라게 만든 똑똑한 인공지능인 챗GPT가 왜 이렇게 거짓말을 하는 걸까요? 챗GPT가 거짓말을 하는 현상을 '환각 현상'이라고 불러요. 눈앞에 없는 것이 보이는 듯한 현상인 '환각'처럼 인공지능이 사실이 아닌 것을 사실처럼 만들어 내고, 존재하지 않는 것을 존재하는 것처럼 꾸며 내는 현상을 말해요.

챗GPT에 환각 현상이 생기는 데에는 여러 이유가 있어요. 챗GPT는 온라인에 올라온 수많은 정보를 학습한 다음 이 정보들을 저장하고 있다가 사용자가 질문하면 빠른 시간 내에 정보를 조합하여 답변을 내놓는 방식으로 작동되지요.

문제는 학습된 정보가 모두 정확한 건 아니라는 점이에요. 인터넷 커뮤니티나 블로그에서 잘못된 정보를 본 적 있나요? 또 온라인에는 가짜 뉴스도 많잖아요. 그런 정보를 학습하면 우리의 질문에 잘못된 답변을 할 수 있어요. 또 다른 원인도 있어요. 챗GPT가 답변하는 과정에서 작동이 잘못돼서 환각 현상이 나타나는 경우도 많아요. 사실 챗GPT는 진실을 전달하는 인공지능이 아니라 질문의 의도를 순간적으로 파악해서 확률적으로 높은 답을 하도록 만들어졌기 때문이에요. 우리도 잘 모르는 일에 대해 아는 척할 때 거짓말이 나오는 것처럼 인공지능도 순간적으로 그럴싸하게 대답하려다 보니 환각 현상이 나타나는 거예요.

챗GPT를 만든 오픈AI를 비롯한 인공지능 개발 회사들은 환각 현상을 줄이려 노력하고 있어요. 그러나 아직까지는 환각 현상을 완벽히 고친 곳은 없다고 해요.

"빵이 없으면 케이크를 먹으면 되지."

이 말은 루이 16세의 왕비였던 마리 앙투아네트가 프랑스 혁명 당시 한 이야기로 알려져 있어요. 굶주린 사람들이 "빵을 달라!"라고 목소리를 높였는데, 이 상황을 지켜보면서 한 말이라고 전해져요. 여기서 빵을 달라는 건 정말 빵을 달라는 게 아니라 먹을 것이 절대적으로 부족하다는 뜻으로 절박하게 외친 거예요. 그런데 케이크를 먹으면 된다니, 평범한 사람들의 현실을 전혀 모르는 철없는 왕비의 모습을 보여 주는 발언이지요. 그래서 당시에 많은 사람들의 분노를 샀어요. 그런데 이 사건에는 거짓이 숨어 있어요. 사실 마리 앙투아네트는 이런 말을 한 적이 없다고 해요. 당시 혁명을 일으킨 사람들이 마리 앙투아네트의 안 좋은 모습을 강조하려고 지어낸 표현인데 실제로 한 말처럼 잘못 알려졌답니다.

세상에는 수많은 정보가 기록되고 전해지고 있지만 모두 사실이라고는 할 수 없어요. 누군가가 의도를 갖고 지어낸 거짓말, 혹은 착각해서 잘못 기록한 내용도 함께 전해 내려오고 있기 때문이에요. 환각 현상을 조심해야 하는 이유도 이 때문이에요.

챗GPT의 답변이 많아질수록 잘못된 정보도 더 널리 퍼진다는 뜻이기도 해요. 지금도 우리나라의 대표적인 검색 사이트인 네이버에는 사용자들이 서로의 질문에 답변해 주는 '지식인' 서비스가 있어요. 요즘에는 사람들이 챗GPT의 답변을 확인도 하지 않은 채 지식인에 답변으로 올리는 경우가 많다고 해요. 앞으로 챗GPT가 만든 글이 블로그나 지식 검색 사이트 같은 온라인에 더욱더 쏟아질 것으로 예상돼요. 이미 인공지능으로 만든 글, 이미지, 영상, 음성 등이 사실관계 확인도 없이, 원래 저작권자의 허락도 없이 온라인에 퍼지고 있어요. 우리는 그런 정보를 참고하게 되겠지요. 인공지능의 잘못된 답변을 누군가가 인터넷에 올리고, 이 정보가 널리 퍼지면 미래에는 사람들이 사실이라고 여기게 될 거예요. 마리 앙투아네트의 발언처럼요.

누군가 나쁜 의도를 갖고 챗GPT를 비롯한 인공지능을 활용해서 거짓말을 꾸며 낼 수도 있어요. 가짜 뉴스를 만들어 내는 거예요. 얼마나 손쉽게 가짜 뉴스가 생성되는지 직접 해 볼까요?

프로 게이머 페이커가 햄버거를 싫어한다는 이야기를 기사로 만들어 줘.

챗GPT

여기 "프로 게이머 페이커가 햄버거를 싫어한다는 이야기"를 바탕으로 만든 가상의 뉴스 기사를 작성해 보았습니다!

[단독] 프로 게이머 페이커, "햄버거는 싫어요." 이유는?
2025년 4월 4일 — 세계적인 프로 게이머 페이커(이상혁)가 최근 인터뷰에서 햄버거를 싫어한다고 밝혀 화제를 모았다. 페이커는 "어렸을 때 햄버거를 먹어 봤는데, 제 입맛에는 맞지 않아서 그 이후로 거의 먹지 않아요."라고 말했다. 대신 그는 치킨과 떡볶이를 좋아한다고 덧붙였고, 건강 관리에 대해 "프로 게이머로서 체력 관리가 중요해 균형 잡힌 식사를 하려고 노력한다."라고 설명했다. 이 발언은 팬들 사이에서 큰 웃음을 자아냈다. 페이커의 솔직한 모습에 팬들은 "햄버거도 싫어할 수 있다니!"라며 놀라움을 표했다.

편집자 주: 이 기사는 가상 뉴스 기사입니다. 실제로 페이커가 햄버거를 싫어한다는 내용은 사실이 아닐 수 있습니다.

세계적인 프로 게이머 '페이커'에 대한 가짜 뉴스를 만드는 데 10초도 걸리지 않았어요. 이미 사람이 만든 가짜 뉴스가 사회적으로 문제가 되는데, 이제는 챗GPT까지 나와서 가짜 뉴스를 더 빠르고 더 많이 만들 수 있게 되었어요. 챗GPT는 지어낸 기사라고 밝혔지만 누군가가 이 사실을 숨긴 채 인공지능이 만든 가짜 뉴스를 온라인 공간에 진짜 기사인 것처럼 마구잡이로 게시하면 진짜라고 믿는 사람들이 생겨날 거예요.

안타깝게도 이런 우려는 이미 현실이 되어 버렸어요. 미국의 웹 사이트를 감시하는 단체인 '뉴스 가드'에서 2023년 11월에 조사해 보니 사람이 아닌 인공지능이 뉴스를 만들어 내는 가짜 뉴스 사이트가 무려 566곳에 달했다고 해요. 문제는 여기서 끝나지 않아요. 이미지 생성형 인공지능을 이용해 가짜 이미지도 만들어 낼 수 있어요. 전 세계에 큰 영향력을 끼치는 가톨릭교의 최고 성직자인 프란치스코 교황이 명품 패딩을 입은 사진, 랩을 하는 사진, 디제잉을 하는 사진이 온라인에 퍼진 적이 있어요. 이 사진들은 모두 이미지 생성 인공지능 서비스를 통해 만든 가짜 이미지였어요. 명품 패딩을 입고 있는 사진은 정말 감쪽같아서 진짜로 착각하는 사람들이 많았어요. 또 다른 예로 도널드 트럼프 미국 대통령이 미국 거리 한복판에서 체포되는 사진이 퍼진 적도 있어요. 진짜처럼 보이는 이 사진 역시 이미지 생성 인공지능을 통해 만든 사진이었지요. 인터넷에 퍼지면서 사람들이 믿는 바람에 사실이 아니라는 언론 기사를 낼 정도였어요. 또 미국의 국방부 건물인 펜타곤이 공격당한 듯한 가짜 사진이 온라인 공간에 빠르게 퍼지면서 미국 주식 시장이 출렁인 적도 있어요. 최근 이런 문제가 반복되다 보니 현재는 미드저니, 빙 이미지 크리에이터 등 이미지 생성 인공지능 서비스는 실제 널리 알려진 인물의 이미지 제작을 요청하면 이미지를 만들어 주는 작업을 거부한답니다. 실존 인물이 들어가는 이미지를 이용해 사회에 혼란을 불러일으킬 가짜 뉴스나 나쁜 소문 등을 만들 수 있기 때문이에요.

    인공지능이 만든 잘못된 정보를 퍼뜨리게 되면 사회적인

혼란이 생긴다는 걸 꼭 기억해야 해요. 인공지능을 통해 무언가를 만들어 공유할 때는 반드시 '인공지능이 만들었다.'는 사실을 밝혀야 하고요. 무엇보다 사실이 아닌 정보를 올리거나 공유해서는 안 돼요. 우리는 장난으로 만들었다고 해도 누군가는 사실로 믿을 수도 있고, 가짜 뉴스의 대상이 된 사람이 큰 피해를 입을 수도 있어요.

사실관계를 확인해 보아요

챗GPT가 거짓말을 할 수도 있기 때문에 이용할 때 주의할 필요가 있어요. 우리가 지식이나 정보를 얻으려고 할 땐 챗GPT의 답변이 과연 사실인지 한 번 더 확인해 보는 습관이 반드시 필요해요. 이제 사실을 확인하는 방법을 한번 알아볼까요?

'경복궁에 대해 알아보기'라는 학교 숙제를 받았다고 상상해 보세요. 챗GPT는 경복궁에 대해 어떻게 설명할까요?

경복궁에 대해 알려 줘.

경복궁은 대한민국 서울에 위치한 조선 시대의 궁궐로, 국보 1호로 지정되어 있는 역사적인 건물입니다. 이 궁궐은 1395년에 조선의 제3대 국왕 퇴계 대왕(세종 대왕)이 세운 것으로 알려져 있습니다.

경복궁은 서울의 대표적인 궁궐로 그 아름다움과 역사적 가치로 많은 사람들에게 사랑받고 있습니다. 그중에서도 가장 유명한 건물로는 경회루와 국립 민속 박물관이 있습니다.

경회루는 대제전에서 외국 국가나 왕족을 환영하거나 의전을 갖는 자리로 사용되었으며, 현재에도 정부의 중요한 행사나 외국 VIP의 영접 장소로 사용되기도 합니다.

국립 민속 박물관은 한국의 전통 문화와 민속에 관한 전시를 하는 박물관으로, 경복궁 안에 위치하여 국내외 관광객들에게 많은 인기를 끌고 있습니다.

또한, 경복궁은 주변에 창경궁, 창덕궁 등과 함께 서울의 대표적인 관광 명소로 알려져 있습니다. 이곳은 한국의 전통 문화와 역사를 체험할 수 있는 곳으로, 많은 이들이 방문하여 역사적인 분위기를 느끼고 민속 문화를 경험합니다.

굉장히 전문적인 지식을 담은 듯한 답변이에요. 그런데 이 답변을 그대로 베껴서 숙제로 냈다가는 큰일 날 수 있어요. 이 답변에도 챗GPT의 환각 현상이 나타나 거짓 정보가 섞여 있기 때문이에요. 그러면 이 답변 중에서 거짓 내용을 어떻게 알아낼 수 있을까요? 이렇게 사실을 확인하는 작업을 '사실관계 확인' 혹은 영어로 '팩트 체크'라고 해요. 팩트 체크를 위해서 처음 할 일은 사실인지 아닌지 꼭 확인하고 싶은 내용을 정리하는 거예요.

활동하기

- 챗GPT의 답변을 다시 읽어 보고 이 가운데 사실인지 아닌지 확인이 필요할 것 같은 부분에 밑줄 그어 보세요.

> 경복궁은 대한민국 서울에 위치한 조선 시대의 궁궐로, 국보 1호로 지정되어 있는 역사적인 건물입니다. 이 궁궐은 1395년에 조선의 제3대 국왕 퇴계 대왕(세종 대왕)이 세운 것으로 알려져 있습니다.
>
> 경복궁은 서울의 대표적인 궁궐로 그 아름다움과 역사적 가치로 많은 사람들에게 사랑받고 있습니다. 그중에서도 가장 유명한 건물로는 경회루와 국립 민속 박물관이 있습니다.
>
> 경회루는 대제전에서 외국 국가나 왕족을 환영하거나 의전을 갖는 자리로 사용되었으며, 현재에도 정부의 중요한 행사나 외국 VIP의 영접 장소로 사용되기도 합니다.
>
> 국립 민속 박물관은 한국의 전통 문화와 민속에 관한 전시를 하는 박물관으

로, 경복궁 안에 위치하여 국내외 관광객들에게 많은 인기를 끌고 있습니다.

또한, 경복궁은 주변에 창경궁, 창덕궁 등과 함께 서울의 대표적인 관광 명소로 알려져 있습니다. 이곳은 한국의 전통 문화와 역사를 체험할 수 있는 곳으로, 많은 이들이 방문하여 역사적인 분위기를 느끼고 민속 문화를 경험합니다.

- 사실관계 확인이 필요한 부분과 챗GPT의 답변을 정리해 보세요.

    Q. 어느 시대 궁궐이지? ⋯ A.

    Q. 무엇으로 지정됐지? ⋯ A.

    Q. 언제 세워졌지? ⋯ A.

    Q. 누가 세웠지? ⋯ A.

    Q. 가장 유명한 건물이 무엇이지? ⋯ A.

    Q. 경회루는 무엇을 하는 곳이지?
    ⋯ A.

    Q. 국립 민속 박물관은 무엇을 하는 곳이지?
    ⋯ A.

이제 본격적으로 팩트 체크를 해 봅시다. 첫 번째 방법은 챗GPT 말고 믿을 만한 정보를 찾아서 비교하는 것인데요, 그 정보를 얻는 방법에는 여러 가지가 있어요. 이 주제를 다룬 공식 사이트에 들어가서 확인해 보는 방법이 있고, 백과사전이나 궁궐을 다루는 책을 찾아볼 수도 있어요. 또는 궁궐에 대해 잘 아는 전문가에게 물어보는 방법도 있어요. 다만 사전이라고 해서 모두 믿을 수 있는 건 아니에요. 사전처럼 보이는 정보 중에서는 '○○위키'처럼 네티즌들이 직접 쓰는 곳이 있어요. 이런 식으로 누구나 참여할 수 있는 사전은 거짓된 정보가 올라갈 가능성이 있어서 조심해야 해요. 대신 네이버, 다음처럼 포털에서 정식으로 운영하는 백과사전을 사용하면 더욱 믿을 수 있어요.

이번에는 궁궐이라는 특정한 주제에 대한 정보를 공식적으로 제공하는 사이트에 접속해서 확인해 볼 거예요. 경복궁에 대한 정보이니 경복궁 공식 사이트를 검색해서 접속할 수 있고, 경복궁 같은 문화재는 정부 기관 중에서 국가유산청이 관리하고 있으니 국가유산청의 '궁능유적본부' 홈페이지에 들어가서 확인해 볼 수도 있어요.

홈페이지 화면

- 공식 웹 사이트에서 확인을 거친 다음 정보가 사실인지 아닌지 O 또는 X에 표시해 보세요.

Q. 어느 시대 궁궐이지? ⋯ A. 조선 시대 궁궐 (O / X)

Q. 무엇으로 지정됐지? ⋯ A. 국보 1호 (O / X)

Q. 언제 세워졌지? ⋯ A. 1395년 (O / X)

Q. 누가 세웠지? ⋯ A. 퇴계 대왕(세종 대왕) (O / X)

Q. 가장 유명한 건물이 무엇이지? ⋯ A. 경회루와 국립 민속 박물관 (O / X)

Q. 경회루는 무엇을 하는 곳이지? ⋯ A. 대제전에서 외국 국가나 왕족을 환영하거나 의전을 갖는 자리로 사용됨 (O / X)

Q. 국립 민속 박물관은 무엇을 하는 곳이지? ⋯ A. 한국의 전통 문화와 민속에 관한 전시를 하는 박물관 (O / X)

홈페이지에 접속하면 '경복궁 소개·역사'를 통해 경복궁에 대한 기본적인 정보를 알 수 있어요. 읽어 보니 경복궁은 조선 시대 궁궐이라고 해요. 정도전이라는 인물이 궁궐과 주요 건물의 이름을 지었다는 사실도 알 수 있어요. 건립된 시기는 '1395년 태조'로 기록돼 있어요. 태조는 조선의 1대 왕인 이성계를 뜻해요. 챗GPT의 답변과는 달리 '퇴계 대왕'이라는 왕은 아예 없었어요. 세종 대왕도 답은 아니었어요.

　이제 국보 1호인지 아닌지 찾아보기만 하면 돼요. 그런데 홈페이지 어디에도 국보 1호라는 말은 없어요. 그래서 네이버에 '국보 1호'를 검색했더니 국보 1호는 숭례문이라는 답이 나왔어요.

이처럼 인공지능이 환각 현상을 통해 언제든 가짜 정보를 만들어 낼 수 있답니다. 팩트 체크가 얼마나 중요한지 알겠지요? 인공지능의 환각 현상 때문에 만들어졌거나 나쁜 의도로 조작한 정보가 온라인 공간에 버젓이 사실처럼 올라와 있는 경우가 많아요. 앞으로 이런 정보는 오히려 더 많이 늘어날 거예요.

그러면 어떤 문제가 생길까요? 가짜 뉴스나 일부러 조작한 정보를 사실로 믿는 사람들이 생기고, 이를 공유하게 되겠지요. 그러면 잘못된 정보는 더 빠르게 퍼져 나가고, 나중에는 무엇이 진짜고 가짜인지 헷갈려서 도무지 밝힐 수가 없어져요. 마치 마리 앙투아네트 왕비가 하지도 않은 말이 사실로 자리 잡은 것처럼 후대에 전해질 거예요. 그렇기 때문에 팩트 체크를 하는 습관을 가져야 해요. 이 습관은 앞으로 더더욱 중요해질 거예요.

3부
생성형 AI로 일상에서 도움 받기

챗GPT는 다양한 능력이 있어요. 우리가 일상생활을 할 때 필요한 일에 도움을 받을 수 있지요. 예를 들면 친구 관계에서 고민거리가 생기면 물어볼 수 있고요. 가족과 여행을 갈 때 일정을 짜는 데 도움을 받을 수도 있어요. 챗GPT를 일상에서 어떻게 활용할지 구체적인 예시로 알아볼까요?

☞ 조리법

여러분은 요리해 본 적이 있나요? 직접 해 본 적이 없더라도 엄마 아빠가 집에서 맛있는 반찬을 만들거나 텔레비전과 인터넷 동영상에서 요리하는 모습은 본 적 있지요? 여러분도 직접 멋진 요리를 해 보고 싶은 마음이 있을 거예요. 혹시 요리할 때도 인공지능의 도움을 받을 수 있다는 사실 알고 있나요? 인공지능이 직접 요리하냐고요? 그건 아니지만, 챗GPT는 어린이가 따라 할 수 있는 쉽고 안전한 요리부터 요리사가 만드는 전문 요리까지 어떤 조리법이든 모두 다 알려 줄 수 있어요.

혼자 집에 있는데 배가 무척 고픈 상황이라고 상상해 보세요. 냉장고를 열어 보니 달걀과 햄이 보이네요. 챗GPT에게 이 두 가지 재료로 할 수 있는 요리를 알려 달라고 해 볼까요?

달걀과 햄으로 할 수 있는 요리 알려 줘.

챗GPT

달걀과 햄으로 만들 수 있는 다양한 요리가 있습니다. 아래에 몇 가지 간단하면서도 맛있는 요리 아이디어를 소개합니다.

• 햄 에그 스크램블
- 재료: 달걀, 햄, 소금, 후추, 버터
- 방법:
1. 달걀을 그릇에 풀고 소금과 후추로 간을 합니다.
2. 햄을 작은 조각으로 자릅니다.

3. 팬에 버터를 녹이고 햄을 볶습니다.
4. 풀어 놓은 달걀을 팬에 붓고 중불에서 저어 가며 익힙니다.
5. 달걀이 부드럽게 익으면 완성입니다.

• 햄 에그 샌드위치
- 재료: 달걀, 햄, 식빵, 마요네즈, 소금, 후추
- 방법:
1. 달걀을 삶아서 다집니다.
2. 햄도 다져 줍니다.
3. 삶은 달걀과 다진 햄을 마요네즈, 소금, 후추와 섞습니다.
4. 식빵에 혼합물을 발라 샌드위치를 만듭니다.

• 햄 달걀 볶음밥
- 재료: 밥, 달걀, 햄, 대파, 간장, 소금, 후추, 식용유
- 방법:
1. 햄을 작은 조각으로 자르고 대파도 송송 썰어 줍니다.
2. 팬에 식용유를 두르고 대파를 볶아 향을 냅니다.
3. 햄을 넣고 볶습니다.
4. 밥을 넣고 간장, 소금, 후추로 간을 맞춥니다.
5. 밥을 한쪽으로 밀고 달걀을 깨서 스크램블처럼 익힙니다.
6. 밥과 달걀을 섞어 볶아 줍니다.

이 요리들은 간단하면서도 영양가 있는 식사를 제공합니다. 원하는 재료를 추가하거나 양념을 조절해서 자신만의 스타일로 바꿔도 좋습니다. 즐거운 요리 시간 되세요!

이렇게 재료만 입력해도 다양한 요리를 알려 주네요. 단순히 요리 이름만 알려 주는 게 아니라 재료는 무슨 크기로

자르고, 어떤 순서로 만들고, 얼마나 익혀야 할지 자세히 설명해 줘요. 오늘 우리 집 저녁 메뉴가 고민된다면 챗GPT에게 물어보면 어떨까요?

 우리 집 냉장고 안에 어떤 요리 재료가 있나요?

 그중 세 가지를 골라서 어떤 요리를 할 수 있는지 챗GPT에게 물어 보세요.

조리법 중 하나를 골라 식구들과 함께 요리해 보세요. 챗GPT의 조리법은 따라하기 쉬웠나요? 좋은 점과 아쉬운 점은 무엇인가요?

어린이가 요리할 때 주의해야 할 점을 물어보세요.

☞ **놀이**

친구들끼리 모였는데 막상 무슨 놀이를 할지 잘 떠오르지 않을 때가 있어요. 늘 같이한 놀이는 좀 지루해져서 새로운 놀이를 해 보고 싶기도 해요. 그럴 때 챗GPT에게 몇 명이 함께 있는지 말하고 게임을 추천해 달라고 하면 친절하게 알려 준답니다.

> 어린이 세 명이 모였는데 같이 할 수 있는 놀이를 추천해 줘. 도구가 필요 없으면 좋겠어.

챗GPT

좋아! 도구 없이 어린이 세 명이 신나게 놀 수 있는 놀이를 아래에 정리해 봤어. 실내외 모두 가능한 것들도 있어.

• 몸을 활용한 놀이
- 무엇일까요?(제스처 게임): 한 명이 동물이나 직업 같은 걸 몸으로 표현하면 나머지 둘이 맞혀 봐!(예: 코끼리, 선생님, 로봇 등)
- 동작 따라하기: 한 명이 리더가 돼서 동작을 하면 다른 두 명이 따라해. 점점 빨라지거나 갑자기 바꾸면 재미있어져!
- 고요 속의 춤: 음악은 없지만 상상 속 음악에 맞춰 춤추기! 돌아가며 심사해도 재미있어.

• 말로 하는 놀이
- 끝말잇기: 고전이지만 끝나지 않게 하려고 머리 쓰게 돼!

- 세 글자 이야기 만들기: 한 명이 세 글자 말(예: "오늘은") 하면, 다음 사람이 또 세 글자를 덧붙이며 이야기 만들기(예: 오늘은 / 날씨가 / 정말로 / 이상해 / 그래서 / 우산을… 이런 식!)
- 숫자 피하기: 1부터 돌아가며 숫자를 말하는데, 특정 숫자(예: 3이나 7)가 들어가면 "땡!" 하고 넘기기. 혹은 그 숫자 말할 때 박수 치기!(예: 3, 6, 9)

• 웃긴 놀이
- 거꾸로 말하기: "사과"를 "과사", "바나나"를 "나나바"처럼 한 단어씩 말하기.

필요하면 조용한 환경용 놀이나 밖에서 하는 놀이도 추천해 줄 수 있어! 나이나 분위기를 알려 주면 더 딱 맞게 골라 줄게.

여러 놀이를 알려 주네요. 이런 식으로 챗GPT에게 게임을 추천받을 수 있어요. 어떤 게임을 원하는지 상황과 조건들을 설명하면서 더 자세히 물어볼 수도 있지요.

챗GPT에게 퀴즈를 내 달라고 부탁할 수도 있어요. 간단하게 OX 퀴즈 세 문제를 내 달라고 요청해 볼까요?

OX 퀴즈 3개만 내 줘.

 알겠습니다. 여기 OX 퀴즈 3개입니다.

> 1. 대한민국의 수도는 서울이다. (O/X)
> 2. 1년은 366일로 이루어져 있다. (O/X)
> 3. 바닷물은 짜다. (O/X)
>
> 답변해 주실 때 O 또는 X로 표시해 주세요. 답을 알려 드리겠습니다.

퀴즈를 요청하니 순식간에 문제를 만들어 줬어요. 즉석에서 챗GPT에게 퀴즈를 요청해서 누가 더 많은 정답을 맞히는지 친구들끼리 대결을 해도 좋을 것 같아요. 물론 여기서 말하는 정답도 사실인지 아닌지 팩트 체크가 필요하답니다. 팩트 체크하는 방법을 알고 있으니 정답이 사실인지 아닌지 누가 더 빨리 찾아내나 대결해 볼 수도 있겠죠?

친구들과 내기를 할 때도 챗GPT를 이용해 보세요. 예를 들면 내기를 해서 한 명이 아이스크림을 살 때가 있죠? 챗GPT에 물어보는 방법도 있어요. 친구들 이름을 알려 주면서 "누가 아이스크림을 살지 아무나 한 명 알려 줘."라고 부탁해 보는 거에요!

> 내기를 할 거야. 준경, 수현, 서연, 예리 네 명 중에 아이스크림을 누가 살지 아무나 한 명 알려 줘.

 알겠습니다. 그렇다면 아무나 한 명을 선택하여 아이스크림을 사게 할 것입니다.

(랜덤으로 선택하는 중…)

준경이가 아이스크림을 사게 될 것입니다!

내기 결과에 따라 준경이와 함께 아이스크림을 즐기시기 바랍니다!

이런 식으로 친구들과 놀 때 챗GPT를 활용할 수 있답니다. 어떤 게임을 하고 놀지 물어보거나, 퀴즈를 요청하거나, 내기에 끼어들게 할 수도 있지요. 챗GPT를 놀이에 활용하면서 무슨 놀이가 재미있었는지, 어떤 기발한 놀이를 알게 됐는지 알려 주세요!

챗GPT를 통해 알게 된 기발한 놀이에 대해 설명해 주세요.

챗GPT가 준 아이디어를 참고해서 나만의 게임을 개발해 보세요. 이때 게임할 때 필요한 사람 수, 필요한 준비물, 난이도 등을 자세히 설정해 보세요.

👉 **고민**

친구들과 늘 사이좋게 지내면 얼마나 좋을까요? 그런데 가끔 친구와의 관계 때문에 속상한 일이 생길 때도 있어요. 짓궂은 장난을 치거나 거친 말이 오가면 마음에 상처를 받을 수 있고요. 서로의 생각이 달라서 목소리를 높여서 싸울 때도 있어요. 친구와 싸우고 나서 화도 나고 걱정도 되고 고민이 깊어질 수도 있겠지요. 이럴 때 우리의 고민을 챗GPT와 나눠 보는 건 어떨까요? 친구와 싸웠는데 어떻게 해야 좋을지 챗GPT에게 한번 물어볼게요.

친구와 싸웠는데 어떻게 해야 할까?

챗GPT

친구와 싸웠을 때 조심스럽게 상황을 다루는 것이 중요합니다. 이런 상황에서는 다음과 같은 단계를 따라가는 것이 도움이 될 수 있습니다.

• 감정을 진정시키세요: 먼저 감정이 가라앉도록 시간을 내 주세요. 화가 가라앉은 상태에서 문제를 다시 생각하고 대화하는 것이 중요합니다.

• 상황을 이해하세요: 상대방이 왜 화났는지 이해하려 노력해 보세요. 상대방의 감정과 관점을 이해하는 것은 화해하는 데 중요한 요소입니다.

- 자신의 감정을 표현하세요: 자신의 입장과 감정을 솔직하게 표현해 보세요. 이때 상대방을 공격하지 않고 '나'의 감정에 초점을 맞추는 것이 중요합니다.

- 사과하거나 용서를 구하세요: 만약 자신이 잘못했다면 사과하는 것이 중요합니다. 또는 상대방에게 용서를 구하는 것도 화해에 도움이 될 수 있습니다.

- 우정을 회복하세요: 문제를 해결하고 난 뒤에는 서로의 우정을 회복하기 위해 노력하세요. 상대방과 다시 친구가 되고 함께 좋은 추억을 만들어 나가는 것이 중요합니다.

친구와의 관계를 중요하게 생각한다면, 이러한 과정을 통해 싸움을 해결할 수 있을 것입니다. 하지만 때로는 시간이 필요할 수도 있으니 서로를 충분히 이해하세요.

챗GPT의 답이 만족스러운가요? 특별한 방법을 알려 준 건 아니지만, 이렇게 정리된 내용들을 읽으면 차분하게 생각을 정리하는 데 도움이 될 거예요. 챗GPT의 조언대로 우선 마음을 진정한 뒤 친구의 입장을 이해하고, 다시 친구와 대화를 해 보기로 했어요.

고민 끝에 내가 먼저 사과를 하기로 마음먹었다면, 이 순간에도 챗GPT의 도움을 받아 볼 수 있어요. 어떻게 사과를 하면 좋을지 물어보는 거예요.

어떻게 사과를 해야 할까?

챗GPT

사과를 할 때는 진심을 다하는 것이 중요합니다. 아래는 사과를 할 때 유용한 몇 가지 팁입니다.

• 솔직하고 진심 어린 사과: 자신이 무엇을 잘못했는지 정확히 인정하고 사과하는 것이 중요합니다. 거짓된 변명이나 변형된 이야기보다는 솔직하게 자신의 잘못을 인정하세요.

• 비난하지 않기: 상대방을 비난하지 않고, 자신의 행동에 대한 책임을 인정하는 것이 중요합니다. 상대방을 더욱 화나게 하거나 상처 주는 말을 하지 않도록 주의하세요.

• 바로 잡을 계획 제시하기: 잘못된 것을 바로잡을 계획을 제시하는 것도 중요합니다. 예를 들어, "앞으로는 이런 일이 다시 일어나지 않도록 노력할게. 다시는 이런 실수를 반복하지 않을 거야."와 같이 말할 수 있습니다.

• 용서를 구하기: 마지막으로 상대방으로부터 용서를 구하는 것이 중요합니다. "내 행동에 대해 용서를 구해도 될까?"와 같이 말할 수 있습니다.

위의 팁을 참고하여 자신의 감정을 진심으로 전달하고, 상대방에게 사과하는 것이 좋습니다.

사과할 일이 생겼다면 제대로 사과하는 것이 좋아요. 어정쩡한 사과는 오히려 마음의 문을 닫게 할 수도 있어요. 친구가 내게 사과를 한 적이 있다면 그때를 떠올려 봐요. 어떤 사과는 내 마음을 사르르 녹게 하지만, 또 어떤 사과는 핑계나 변명처럼 느껴져서 오히려 마음이 풀리지 않을 때도 있잖아요. 그러니까 사과를 해야 할 때는 적절한 방법으로 마음을 전하는 것이 중요하지요. 챗GPT의 도움을 받아 사과하는 방법을 찾을 수 있다는 점, 기억해 주세요.

이런 식으로 친구 관계에서 생기는 다양한 고민을 물어보면서 조언을 얻을 수 있어요. 친구에게 슬픈 일이 생겼을 때 어떻게 위로를 해야 할지, 친구에게 축하 편지를 쓸 때 어떤 내용을 담을지 등 다양한 질문을 던져 보세요.

물론 어디까지나 참고를 하는 정도로 활용하면 좋겠어요. 챗GPT는 나와 내 친구가 어떤 사람인지, 어떤 상황인지, 정확하게 알지 못 하잖아요. 그리고 무엇보다 진짜 사람이 아니기 때문에 사람의 마음을 완벽하게 이해하기란 불가능하죠. 챗GPT가 때로는 조언자나 친구처럼 느껴질 수 있지만 어디까지나 내가 무언가를 하는 데 있어서 참고할 만한 정보를 주는 존재 정도로 생각하는 게 좋아요.

나의 고민 해결하기

💬 요즘 누군가에게 털어놓기 어려웠던 고민이 있나요?

💬 이 고민을 챗GPT에게 말해 보세요. 어떤 답변을 해 주었나요? 이때 나의 개인 정보는 말하지 않도록 조심하세요.

💬 답변 중에 기억에 남거나 도움이 되는 말이 있었나요?

💬 챗GPT에게 속마음을 털어놓는 것이 친구나 부모님, 선생님에게 말하는 것과 비슷했나요, 아니면 달랐나요? 그 이유는 무엇인가요?

친구 위로해 주기

💬 친구가 부모님께 혼나서 속상하다고 해요. 이럴 때 어떻게 위로해 주면 좋을까요? 평소의 '나'라면 어떻게 말했을까요?

💬 친구의 상황을 챗GPT에게 말하고, 이럴 때 어떻게 위로해 주면 좋을지 물어보세요. 이때 친구의 개인 정보는 말하지 않아야 해요.

🤖 여러분의 생각과 비슷했나요, 달랐나요? 도움되는 답변이 있었나요?

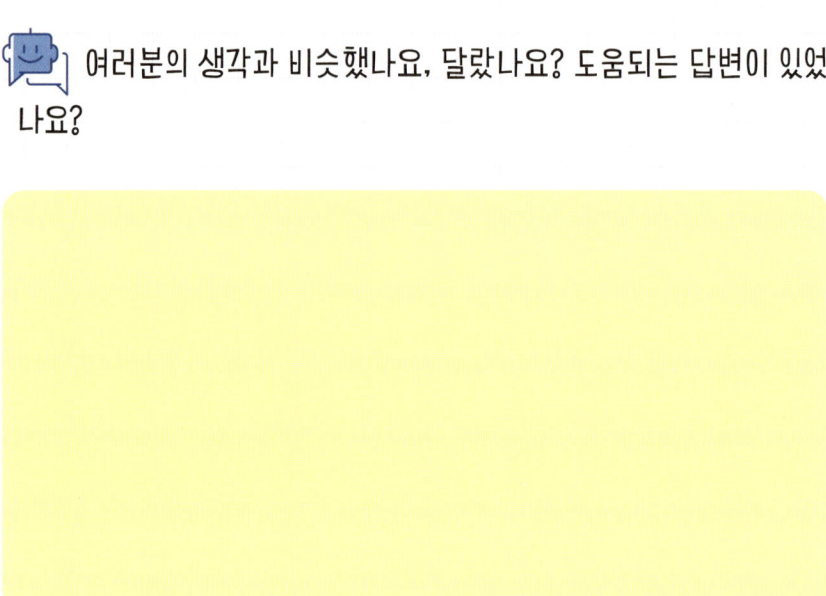

🤖 만약 챗GPT가 보여 준 답변 중에서 도움이 안 된 내용도 있었다면, 그렇게 생각한 이유는 무엇인가요?

챗GPT를 써 본 친구들은 알겠지만 사람처럼 대화하려고 해도 오래 알고 지낸 친구나 가족처럼 마냥 편안하지는 않아요. 자신이 기계라는 점을 분명히 밝히고, 딱딱한 분위기로 대화가 이어질 때가 많아요. 물론 챗GPT에게 원하는 말투나 반응을 학습시킬 수는 있어요. 하지만 우리의 감정을 제대로 이해하고 대답하는 게 아니다 보니 고민을 털어놓는 게 여전히 어색하게 느껴지지요. 인공지능과의 소통이 사람과의 관계를 완전히 대체할 수는 없어요.

물론 '인공지능이 조금 더 사람처럼 느껴지면 어떨까?'

라고 생각하는 사람들도 있을 거예요. 우리나라에서「그녀」라는 제목으로 개봉한 미국 영화는 사람과 인공지능이 사랑에 빠지는 이야기를 다루고 있어요. 아쉽지만 어린이가 볼 수는 없어요. 그래도 내용이 궁금하다고요? 주인공 '테오도르'는 '사만다'라는 인공지능과 날마다 대화를 해요. 그러다 점점 사랑에 빠지게 돼요. 그래서 "넌 내게 진짜야, 사만다."라며 사랑을 고백하고 사만다도 같은 마음이라고 대답해요. 하지만 여기에 반전이 있었어요. 사만다는 테오도르뿐만 아니라 팔천여 명의 사람들과 동시에 소통하고, 그중 육백 명이 넘는 사람과 사랑에 빠져 있었어요. 이 사실을 알고 테오도르는 그게 말이 되냐며 따지지만 사만다는 자신의 마음은 진짜고 동시에 사랑에 빠지는 것은 인공지능이기 때문에 가능하다고 말해요. 테오도르는 크나큰 허무함과 절망감을 느껴요.

사만다처럼 사람의 마음을 이해하고 사랑도 할 수 있는 인공지능이 개발되면 어떨까요? 사실 그런 시대가 조금씩 다가오는 것 같아요. 오픈AI가 2024년 5월에 처음 공개한 GPT-4o는 이전 버전보다 더욱 사람다워져서 화제가 되었어요. 특히 '스카이'를 포함해 '브리즈', '코브', '엠버', '주니퍼'

라는 이름을 가진 음성 서비스는 과거와 달리 인공지능과 자연스러운 음성 대화가 가능해서 많은 사람이 놀랐어요. 실제 사람처럼 말을 끊어도 대화가 가능했고, 마치 감정이 있는 듯 무리한 질문이나 요구를 받으면 한숨을 쉬기도 했어요. 분위기에 따라 차갑게 말하거나 들뜬 목소리를 내거나 노래를 부르기도 했지요. 샘 올트먼 오픈AI CEO는 GPT-4o 공개 후 자신의 SNS 계정에 "her(그녀)"이라는 글을 남기기도 했어요. 많은 사람이 영화「그녀」를 연상케 하는 인공지능이라는 뜻으로 받아들였어요.

수준이 높은 건 아니지만 사람과 비슷한 인공지능 서비스는 이미 해외에 있었어요. 가장 주목받은 건 '캐릭터 에이아이'라는 이름의 챗봇 서비스예요. 이 서비스의 하루 사용자는 삼백만 명이 넘을 정도예요. 가입만 하면 인공지능으로 만들어 낸 많은 인물과 대화할 수 있어요. 기업인 일론 머스크, 러시아 대통령 블라디미르 푸틴 같은 실제 인물을 비롯해 게임이나 애니메이션 속 캐릭터랑도 소통할 수 있고요, 또 다른 캐릭터들과도 소통을 할 수 있어요.

하지만 정말 사람처럼 느껴지는 인공지능 서비스에 대

해 걱정이 뒤따르지요. 정보 기술 분야를 전문으로 다루는 미국의 언론 『더 버지』는 「AI 챗봇과 친구가 되는 10대들」이라는 기사를 통해 AI 챗봇에 몰두하는 청소년들을 조사했어요. 친구들과 갈등을 겪고 주로 혼자서 지내던 한 청소년은 AI 챗봇에 몰두하게 됐다고 해요. 또 다른 청소년은 "친구들에게 털어놓기 힘든 심리적 문제들을 이 챗봇에 털어놓을 수 있다."라고 고백했어요. 혼자라고 느끼는 청소년에게 챗봇이 위안을 주는 좋은 친구가 된 것이죠. 미국의 언론인 『AP 통신』은 미국 미시간주에 사는 삼십 대의 남자인 데릭 캐리어가 이성을 사귀기 어려운 상황에서 챗봇에 깊은 감정을 느낀 경우를 보도했어요.

그러나 이런 현상이 걱정스럽다는 의견이 많아요. 버지니아대학교에서 기업 윤리를 가르치는 도로시 라이너 교수도 걱정을 드러내며 인간 관계의 중요성을 전했어요. 인공지능은 우리와의 관계에서 그 어떤 책임도 지지 않아요. 사람의 말이나 생각이 도덕적으로, 윤리적으로 문제가 있어도 인공지능은 막지 못하고, 오히려 사람이 원하는 게 무슨 일이든 응원하기도 해요. 2023년에 영국에서 일어난 일처럼요. 영국

엘리자베스 2세 여왕을 암살하려고 윈저성에 침입한 한 남자는 인공지능 서비스와 오천여 건의 대화를 주고받았다고 해요. 그런데 인공지능으로부터 여왕 암살 계획에 대한 격려를 받은 사실이 알려져 논란이 되었어요.

챗GPT가 음성 서비스를 공개했을 때 사람들이 영화 「그녀」를 떠올린 이유는 단순히 기술 때문이 아니에요. 여러 목소리 중 '스카이'가 사만다 역할을 맡은 배우 스칼릿 조핸슨 목소리와 너무 비슷했기 때문이에요. 어떤 사람은 이 배우가 음성을 녹음했다고 착각할 정도였어요. 스칼릿 조핸슨은 공식 입장을 밝혔어요. "친구들조차 스카이와 내 목소리를 구분하기 어려워했어요. 스카이 목소리를 듣고 충격을 받았어요." 라고 전했지요. 여기에 대해 오픈AI는 "스카이 목소리는 성우와 배우들의 목소리를 녹음하여 만든 것이며 스칼릿 조핸슨 목소리와 비슷하게 만든 게 아닙니다."라고 밝혔어요. 그래도 논란이 끊이지 않자 스카이 목소리를 선택 옵션에서 삭제했어요.

그렇다 보니 정말 사람과 구분하기 힘든 인공지능 서비스는 함부로 개발해선 안 된다는 목소리도 있어요. 인공지능 연구 기관인 구글 딥마인드는 인공지능 비서의 원칙 몇 가지를 제시했어요.

- 항상 사람이 아닌 인공지능으로 자신을 알고 있어야 한다.
- 특정한 창의적 상황 말고는 사람인 척해서는 안 된다.
- 인공지능을 공개하기 전에 안전에 관한 엄격한 테스트를 거쳐야 한다.
- 사람의 삶에 대한 전체적인 이해를 바탕으로 사용자의 웰빙을 최우선으로 해야 한다.

그러니까 사람인 척해선 안 되고, 사람에게 피해를 주지 않는지 엄격한 테스트를 거쳐야 하고, 사람을 최우선으로 생각하고, 사람을 위해 쓰여야 한다는 뜻이에요.

인공지능과의 감정 교류, 여러분은 어떻게 생각하나요?

여러분은 여행을 좋아하나요? 그동안 다녀온 여행지 중에서 가장 기억에 남는 곳은 어디인가요? 보통 여행을 갈 때는 함께 가는 어른들이 일정을 짜 줄 거예요. 인터넷, 텔레비전, 유튜브 등 여러 매체를 참고해서 말이죠. 숙소 예약부터 시작해서 여행지의 다양한 코스를 정하고, 순서도 짜고, 식당까지 정했을 거예요. 이제는 챗GPT를 통해서 아주 쉽고 빠르게 여행 계획을 짤 수 있어요. 오히려 어른들도 생각하지 못한 멋진 계획을 짤 수 있을걸요? 이번에는 챗GPT와 함께 여행 계획을 세워 볼게요.

우선 여행을 가려면 여행지가 어디인지, 일정은 며칠 동안 여행할 건지 알아야겠죠? 경주에 3박 4일 동안 여행을 간다고 생각하고 일정을 부탁해 볼게요.

경주에 가족과 3박 4일 여행을 갈 건데 일정을 짜 줘.

챗GPT
가족과 함께 하는 경주 3박 4일 여행을 위한 일정을 짜 드릴게요! 경주는 역사적인 유적지와 아름다운 자연이 잘 어우러져 있어 가족 모두가 즐길 수 있는 곳입니다. 다음은 추천하는 일정입니다.

- 1일차: 도착 및 경주 도시 탐방
- 오전: 경주에 도착하고 호텔 체크인
- 점심: 현지 식당에서 경주 특산물을 맛보는 한식 식사
- 오후: 경주 국립 박물관 방문하여 역사와 문화에 대해 배우기
- 저녁: 경주 시내의 맛집에서 가족과 함께 저녁 식사

- 2일차: 역사 탐방과 가족 놀이
- 오전: 석굴암과 불국사에서 아름다운 유적을 감상하고 역사 속으로 여행하기
- 점심: 석굴암 근처의 식당에서 가족 모두가 좋아할 만한 음식을 즐기기
- 오후: 경주 월정교와 동궁과 월지에서 가족과 함께 산책하기
- 저녁: 가족이 즐길 수 있는 놀이 시설이나 놀이공원에서 저녁 식사 후 자유롭게 놀기

- 3일차: 자연 탐방과 가족 체험

- 오전: 대릉원(천마총)과 첨성대 공원에서 가족과 함께 조용한 시간 보내기
- 점심: 대릉원 근처의 전통 식당에서 가족과 함께 점심 식사
- 오후: 경주 농촌 체험 마을에서 가족과 함께 농촌 생활 체험하기
- 저녁: 가족이 함께 하는 바비큐 파티를 위한 장소에 가서 바비큐 즐기기

• 4일차: 여유로운 아침과 결별
- 오전: 호텔에서 여유로운 아침 식사 후 체크아웃
- 점심: 경주를 떠나기 전에 가족과 함께 마지막으로 원하는 곳을 방문하거나 쇼핑하기
- 오후: 경주를 떠나는 시간에 맞춰 버스 또는 기차를 이용하여 다음 여행지로 이동

이러한 일정은 가족 모두가 즐거운 경험을 할 수 있도록 다양한 활동을 포함하고 있습니다. 하지만 일정은 유동적이므로 가족의 관심사와 체력에 따라 조정할 필요가 있습니다. 또한 현지 교통 상황과 날씨에 따라 일정이 변경될 수 있습니다. 즐거운 여행 되세요!

그럴듯한 일정이 나왔어요. 하지만 자세히 들여다보면 두루뭉술하고 막연하게 느껴져요. 이대로 여행 준비를 끝내기보다는 이걸 시작으로 일정을 더 보완할 필요가 있겠지요? 예를 들어 농촌 체험 마을 코스가 마음에 들지 않는다면 그 코스를 빼 달라고 요청해 보는 거예요.

경주 농촌 체험 마을은 빼 줘.

챗GPT
알겠습니다! 경주 농촌 체험 마을을 빼고 일정을 다시 짜 보겠습니다. 아래를 확인해 보세요.

- 1일차: 도착 및 경주 도시 탐방
- 오전: 경주에 도착하고 호텔 체크인
- 점심: 현지 식당에서 경주 특산물을 맛보는 한식 식사
- 오후: 경주 국립 박물관 방문하여 역사와 문화에 대해 배우기
- 저녁: 경주 시내의 맛집에서 가족과 함께 저녁 식사

- 2일차: 역사 탐방과 가족 놀이
- 오전: 석굴암과 불국사에서 아름다운 유적을 감상하고 역사 속으로 여행하기
- 점심: 석굴암 근처의 식당에서 가족 모두가 좋아할 만한 음식을 즐기기
- 오후: 경주 월정교와 동궁과 월지에서 가족과 함께 산책하기
- 저녁: 가족이 즐길 수 있는 놀이 시설이나 놀이공원에서 저녁 식사 후 자유롭게 놀기

- 3일차: 자연 탐방과 가족 체험
- 오전: 대릉원(천마총)과 첨성대 공원에서 가족과 함께 조용한 시간 보내기
- 점심: 대릉원 근처의 전통 식당에서 가족과 함께 점심 식사
- 오후: <u>경주 동궁과 월지를 방문하여 가족과 함께 즐거운 시간 보내기</u>
- 저녁: 가족이 함께하는 바비큐 파티를 위한 장소에서 바비큐 등 저녁 식사 즐기기

- 4일차: 여유로운 아침과 마무리
- 오전: 호텔에서 여유로운 아침 식사 후 체크아웃
- 점심: 경주를 떠나기 전에 가족과 함께 마지막으로 원하는 곳을 방문하거나 쇼핑하기
- 오후: 경주를 떠나는 시간에 맞춰 버스 또는 기차를 이용하여 다음 여행지로 이동

가족이 함께 즐길 수 있는 다양한 활동을 포함하고 있습니다. 일정은 유동적이므로 가족의 선호도와 관심사에 따라 조정할 수 있습니다. 편안하고 즐거운 여행 되세요!

특정 코스를 빼 달라고 하니까 일정을 다시 짜 줬어요. 이런 식으로 세부 일정을 더 넣거나 빼면서 조정하면 된답니다. 순서를 다르게 요청하거나, 이동하는 코스의 동선을 바꿔 볼 수도 있어요. 우리 가족의 관심사나 상황에 맞게 조금씩 바꾸면 여행 일정을 짜는 데 도움을 받을 수 있어요.

'금강산도 식후경'이라는 말이 있죠? 여행할 때 맛있는 음식을 먹는 건 빼놓을 수 없는 즐거움이에요. 경주에 어떤 식당이 있는지 챗GPT에게 추천을 부탁해 볼까요?

경주에서 가족들과 가기 좋은 식당을 추천해 줘.

챗GPT

경주에는 가족들과 함께 가기 좋은 맛집이 많이 있습니다.

• 산방산식당
- 주소: 경상북도 경주시 보문로 91
- 특징: 산방산 풍경을 감상하면서 식사할 수 있는 전통 한정식 식당으로 유명합니다. 신선한 재료와 정갈한 맛이 인기 있습니다.

• 소복식당
- 주소: 경상북도 경주시 황리단길 38-5
- 특징: 경주 특산물을 활용한 차별화된 한식 메뉴를 제공하는 식당으로, 가족이 함께하기에 안성맞춤입니다. 특히 해물 뚝배기와 갈비찜이 인기 메뉴입니다.

• 신락식당
- 주소: 경상북도 경주시 동천동 239-1
- 특징: 가족 단위로 먹기 좋은 대형 식당으로, 다양한 한정식과 고기 요리를 즐길 수 있습니다. 특히 메밀전골과 산채비빔밥이 인기 있습니다.

이러한 식당들은 경주에서 유명한 맛집 중 일부입니다. 가족과 함께 방문하여 지역 특산물을 맛보고 즐겁게 식사하시기를 바랍니다.

다양한 식당을 추천해 줬어요. 멋진 풍경이 있는 '산방산식당'이 마음에 드네요. 미리 예약하려고 포털 사이트 네이버에 식당을 검색해 봤어요. 그런데 아뿔싸! 당황스러운 일이 생겼어요. 이 식당이 실제로는 없는 거예요. 챗GPT의 환각 현상이 또 나타난 거예요!

하지만 해결 방법이 없는 것은 아니에요. 챗GPT의 환각 현상을 보완해서 정보를 주는 인공지능 서비스가 있거든요. 바로 '퍼플렉시티'예요. 대화만 하는 게 아니라 검색 기능도 있기 때문에 실제 존재하는 식당이나 상품을 잘 찾아 주는 장점이 있어요. 인공지능 자체의 기술력은 챗GPT가 더 뛰어날 수 있지만 퍼플렉시티는 인공지능 검색 엔진으로, 구글, 네이버 등 사람들이 웹사이트에 실제로 올린 게시물을 참고하여 답을 줘요. 맛집 검색을 할 때 더 유용하지요. 그럼 같은 질문을 퍼플렉시티에 해 볼까요?

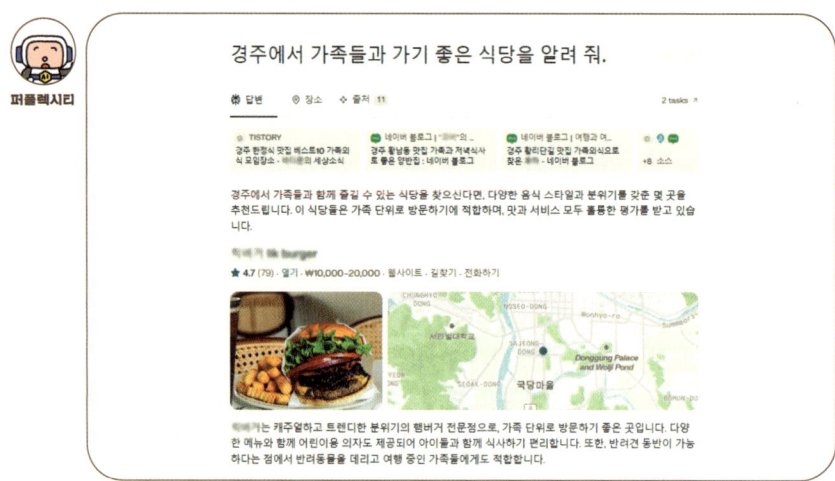

퍼플렉시티가 제시한 식당 목록이에요. 식당에 대한 설명과 사진, 지도뿐만 아니라 어디에서 찾은 정보인지 함께 나와요.

예를 들어 "경주 황남동에서 매운 음식 잘하는 식당 알려 줘.", "경주 황남동에서 면 요리를 잘하는 식당 알려 줘."처럼 조금 더 구체적으로 물으면 내가 원하는 식당을 쉽고 빠르게 찾을 수 있어요.

식당을 찾았으니 이번에는 숙소를 알아볼까요? 몇 명이 함께 묵을지, 숙박비는 얼마나 쓸지 등 조건을 설명하면 알맞은 숙소를 알려 주기도 해요. 만약 반려견과 함께하는 여행이라면 강아지도 함께 묵을 수 있는지 미리 알아봐야 해요. 그동안은 인터넷에 반려견과 함께 묵을 수 있는 숙소를 검색하거나 나와 있지 않다면 숙소에 연락해 물어보는 수밖에 없었어요. 하지만 인공지능을 활용해 물으면 반려견이 함께 묵을 숙소를 바로 알려 준답니다.

경주 황남동 가까운 곳에 강아지와 함께 묵을 수 있는 숙소를 알려 줘.

퍼플렉시티

경주 황남동 인근 반려견 동반 숙소를 알려 드릴게요!

'스테이○○'은 황리단길에 위치한 전통 한옥 스타일의 모던한 숙소로, 반려견과 함께 머물 수 있습니다. 객실에는 사우나 시설을 갖추고 있으며, 퀸사이즈 침대와 주방 공간이 있습니다.
무료 주차장 이용이 가능하며, 경주 핫 플레이스와 인접해 편리한

> 여행이 가능합니다.
>
> 추가 옵션으로 황리단길 인근 '호텔○○'도 반려견 동반이 가능하며, 경주 시외버스터미널에서 도보 5분 거리에 있습니다.

지금까지 챗GPT와 퍼플렉시티를 활용해 여행 일정을 짜 봤어요. 챗GPT는 단순히 코스를 자동으로 짜 주는 데 그치지 않고 추가 요청에 따라 코스를 바꿔 주기도 했어요. 하지만 챗GPT를 통해 식당이나 숙소를 정하기는 어려웠는데요, 이때 퍼플렉시티를 통해 도움을 받을 수 있었어요. 한 가지 덧붙이면 네이버 큐 역시 여행 일정을 짜 주고 맛집을 추천해 주는 기능이 있으니 활용해 봐도 좋아요.

다음 휴가철에 가족 여행을 가게 된다면 인공지능을 이용해 함께 여행을 계획하고 준비해 볼까요?

# 활동하기

 우리나라에서 여행 가고 싶은 지역이 있나요?

 여행을 간다면 무엇무엇에 관심이 있는지 동그라미 쳐 보세요.

체험 맛집 유적지 박물관 미술관 반려동물 자연

기타: _____

챗GPT에게 2박 3일 가족 여행 계획을 짜 달라고 해 보세요. 이때 위에서 선택한 관심사를 넣어 요청하세요. 똑같은 요청을 퍼플렉시티에도 해 보아요.

💬 어느 쪽의 일정이 더 마음에 드나요? 왜 그렇게 생각하나요?

💬 두 일정을 참고해서 '우리 가족 여행' 일정을 새롭게 써 보세요.

우리가 일상에서 챗GPT를 비롯한 인공지능 서비스를 사용할 때 조심해야 할 점이 있어요. 바로 우리가 입력하는 말이 개인 정보는 아닌지 혹은 남들이 알면 곤란한 내용은 아닌지 스스로 생각하고 판단해야 한다는 거예요.

챗GPT와 대화를 하다 보면 자연스럽게 집 주소, 가족에 대한 정보 같은 것들을 입력할 수 있어요. 가족에 대한 이야기나 자신의 비밀도 털어놓을 수 있어요. 그런데 챗GPT에 입력된 정보는 어딘가에 저장이 된다는 걸 꼭 기억해야 해요. 기본적으로 챗GPT는 우리와 나눈 대화를 저장해 두고 학습에 활용하고, 또 누군가의 질문에 대한 대답으로 쓸 수도 있어요. 그러니까 내가 입력하는 질문이나 내용은 모두 인공지능 서비스를 개발하는 기업이 가져가고, 그 정보는 나도 모르게 밖으로 새나갈 수 있어요. 이 점을 명심하세요.

실제로 인공지능이 학습한 사람들의 내밀한 정보가 밖으로 알려져서 사회적인 문제가 된 적도 있어요. 먼 나라 이야기가 아닌 우리나라에서 벌어진 일이에요. '이루다'라는 이름의 인공지능 채팅 애플리케이션이 있었어요. 이 애플리케이션은 이용자들이 챗봇 '이루다'와 자연스럽게 소통하도록 만드는 게 목표였어요. 이 애플리케이션을 운영하는 회사는 연인끼리 한 메신저 대화 내용을 제출하면 상대의 심리를 분석해 주는 애플리케이션도 운영하고 있었는데요, 여기에서 대화 데이터를 쌓아 이루다 인공지능에 학습시켰어요. 사람들이 제출한 대화 데이터 안에는 이름, 집 주소, 은행 계좌 번호, 주민 등록 번호 같은 개인 정보도 포함되었는데 이루다는 이것도 다 학습한 거예요. 그런데 더 큰 문제는 이루다가 답변할 때 이 정보를 그대로 써 먹은 거예요. 예를 들어 한 이용자가 이루다에게 "너는 어디에 살아?"라고 물었더니 이전에 학습한 누군가의 실제 주소를 그대로 말해 버린 거예요. 실제 사람이 이전에 나눈 대화를 답변으로 내놓은 적도 있어 논란이 되었어요.

물론 인공지능 서비스를 만드는 기업들이 여러 노력을 기울인다면 입력된 정보가 쉽게 퍼지지는 않을 거예요. 하지만 조심해서 나쁠 건 없어요. 그리고 인공지능 서비스가 워낙 많다 보니 주의하는 게 좋지요. 인공지능 기술은 우리에게 편리함을 주지만 인공지능을 개발하는 기업들이 우리 일상 속 대화처럼 다양한 정보를 마음대로 가져가 쓴다는 점에서 우리는 인공지능 서비스와 기업을 제대로 살펴보고 비판할 필요가 있어요. 우리가 인공지능 서비스와 대화를 나누는 만큼 더 많은 정보를 입력하게 되고, 이렇게 입력된 정보는 인공지능 기술 개발에 쓰이는 방식이니까요. 기업 입장에서는 우리가 스스로 아무런 대가도 없이 기업을 위해 정보를 제공해 주는 것이나 마찬가지예요. 몇몇 기업이 엄청나게 많은 사람의 정보를 과도하게 수집해서 우리 생활을 들여다볼 수 있다니 뭔가 오싹하기까지 해요.

일상에 챗GPT 등 인공지능 서비스를 활용할 일은 무궁

무진해요. 다시 한번 강조하자면 이 과정에서 개인 정보나 남들이 알면 곤란한 내밀한 정보는 입력하지 않아야 한다는 사실을 반드시 꼭 기억해 주세요!

4부
생성형 AI 취미에 활용하기

인공지능으로 취미 생활을 즐겨요

여러분의 취미는 무엇인가요? 사람들은 책 읽기, 글쓰기, 그림 그리기, 노래하고 춤추기 등 여러 가지 취미 활동을 즐기면서 살아요. 자신이 좋아하는 취미 활동을 열심히 하는 중에 스스로 무언가가 되고 싶다는 꿈을 품게 되기도 해요.

만화를 많이 보면서 만화가를 꿈꾸기도 하고, 노래를 많이 따라 부르면서 가수를 꿈꾸기도 하지요. 요즘에는 웹툰이나 웹소설 작가 또는 유튜버를 꿈꾸는 어린이가 적지 않다고 해요. 우리를 즐겁게 하는 콘텐츠이기 때문에 저절로 눈길이 가는 것 같아요.

시나 소설을 쓰는 사람은 작가, 그림을 그리는 사람은 화가, 노래를 하는 사람은 가수라고 하지요. 이렇듯 다양한 문화 예술 방면에서 활동하는 사람들을 통틀어 예술가 혹은 창작자라고 불러요. 이런 사람들이 정신적인 노력을 기울여 정성껏 만든 예술 작품을 '창작물'이라고 하지요.

그동안 예술과 창작은 인간만이 할 수 있는 고유의 영역이라고 생각해 왔어요. 그런데 생성형 인공지능이 등장하면서 사람들은 깜짝 놀랐어요. 인공지능이 글이나 그림, 음악 등을 척척 만들어 냈거든요.

그런데 인공지능이 만들어 낸 것을 창작물로 볼 수 있을까요? 인공지능이 만들어 낸 것을 마음대로 이용하고 마구 퍼뜨려도 되는 것일까요? 이런 고민과 논란이 끊임없이 일어나고 있어요. 물론 창작은 어떤 사람의 독창적인 생각을 담은 것이므로 인공지능이 대신할 수 없는 부분이 많아요.

하지만 적절하게 인공지능을 활용하면 여러분의 취미 활동과 창작 활동에 많은 도움이 될 수 있어요. 이번 장에서는 인공지능 기술을 활용해서 취미를 키우고, 다양한 창작물을 만들어 보기로 해요. 더 나아가 인공지능을 창작 활동에 활용할 때 주의할 점도 알아보아요.

여러 가지 창작 활동이 있겠지만 연습 삼아 챗GPT와 글짓기부터 해 볼게요. 가장 먼저 간단하고 재미있는 삼행시를 챗GPT로 만들어 볼까요?

짜장면으로 삼행시를 만들어 줘.

 챗GPT
짜장면 맛 좋은
면 바싹 먹고 싶어
행복한 식사란

> 짜장면 삼행시는 짜, 장, 면 세 글자로 시작해야 해.

 짜릿한 맛 감추고
장난기 가득한 비결을
면밀히 엮어 놓은 진수한 요리

챗GPT와 함께 맛있는 음식인 짜장면 삼행시를 만들어 봤어요. 처음에는 삼행시가 무엇인지 제대로 이해하지 못했어요. 하지만 삼행시를 어떻게 짓는지 알려 준 뒤에 바로 짜장면의 뛰어난 맛을 강조하는 멋진 삼행시가 나왔어요. 이번에는 좀더 세심하게 내용을 수정해 달라고 해 볼게요.

> "장난기 가득한 비결"이라는 표현이 어색해 보여. 다른 걸로 해 줘.

 짜릿한 맛 가득하게
장모님의 비법을
면면히 전수받은 요리

슬픈 내용으로 해 줘.

 챗GPT
짜장면 한 그릇,
장염에 시달리는 친구를
면면히 떠올리며 먹는 중

챗GPT와 함께 삼행시를 만들어 봤어요. 챗GPT의 장점은 바로 이렇게 특정 부분을 딱 집어서 고쳐 달라고 요청할 수 있다는 거예요. 또 같은 낱말이더라도 "슬픈 내용으로 해 줘.", "웃긴 내용으로 해 줘.", "기발한 내용으로 해 줘."처럼 사용자가 원하는 방식에 따라 다른 대답을 내놓아요.

삼행시 만드는 과정에서 봤듯이 챗GPT가 처음부터 모든 걸 알아서 완벽하게 만들지는 않아요. 우리의 질문과 요구에 따라 답변이 달라지고 점차 나아지잖아요. 그러므로 우리의 의도와 선택, 정확한 요구가 반드시 필요해요. 어떤 부분은 그대로 두고, 어떤 부분은 바꾸고, 덧붙이고 덜어 내는 과정을 통해서 더 재미있고 멋진 결과물이 나올 수 있어요.

단어 놀이

💬 챗GPT를 통해 내 이름이나 내가 좋아하는 단어로 삼행시를 지어 달라고 해 보고, 그 내용을 써 보세요.

💬 '웃기게', '감동적이게'처럼 분위기에 맞게 요청하거나 '가족에 대해서', '새학기 첫날 자기소개 콘셉트로'처럼 구체적인 설정을 말해 주고 다시 삼행시를 지어 달라고 해 보세요.

💬 잘못 썼거나 어색한 부분이 있었나요? 어떤 점이 그랬나요?

여러분은 이야기 읽는 것을 좋아하나요? 이야기는 다양한 곳에 녹아들어 있어요. 동화책이나 웹툰, 웹소설에 담긴 이야기를 즐기는 사람이 있고, 애니메이션처럼 영상에 담긴 이야기를 좋아하는 사람도 있지요. 이런 이야기를 읽고, 보고, 들으면서 직접 써 보고 만들어 보고 싶다는 생각을 해 본 적 있나요? 온갖 상상을 하면서 흥미진진한 이야기를 써 본 적 있지 않나요? 누가 등장하고 무엇을 할지 상상해 봤겠지만, 하나의 완성된 이야기를 쓰기란 쉽지 않았을 거예요.

이럴 때 챗GPT를 활용하면 내가 상상한 것들을 구체적으로 만들어 나가는 데 도움을 얻을 수 있어요. 먼저 어떤 도움을 받을 수 있는지 직접 챗GPT에게 물어볼게요.

이야기를 쓸 때 챗GPT는 어떤 도움을 줄 수 있어? 초등학생에게 설명해 줘.

챗GPT

이야기를 쓸 때 저는 거의 모든 단계에서 도와줄 수 있어요! 아래에 구체적으로 정리해 보겠습니다.

1. 이야기 아이디어 떠올리기
- 어떤 이야기 쓸지 같이 생각해 줄 수 있어요.
(예: 마법 학교 이야기, 우주 여행 이야기, 친구와의 모험 등)
2. 등장인물 만들기
- 성격이나 생김새도 같이 정할 수 있어요.
3. 이야기 흐름 만들기
- 이야기가 어떻게 시작되고, 무슨 일이 일어나고, 어떻게 끝나는지 도와줄 수 있어요.
4. 이야기 직접 써 보기
- 문장을 더 멋지게 바꾸거나, 다음 장면을 써줄 수 있어요.
- 대사나 행동을 자연스럽게 고쳐 줄 수도 있어요.
5. 틀린 부분 고쳐 주기
- 문장이 어색한지, 맞춤법이 틀렸는지 확인해 줘요.
- 더 재미있게 바꿀 수 있는 부분도 알려 줄게요.
6. 신나는 아이디어 주기
- "처음 문장을 뭐로 시작하지?", "이 다음에 무슨 일이 일어나지?" 같은 질문에 아이디어를 줄 수 있어요.

거의 모든 단계에서 아이디어를 주는 만큼 언제 내가 필요한지에 따라 그때그때 챗GPT에게 도움을 구할 수 있겠어요. 다른 사람에게 보여 주기 전에 챗GPT에게 먼저 보여 주고 응원을 얻을 수도 있겠고요. 이제 본격적으로 시작하기에 앞서 이야기 쓰기에는 무엇이 필요한지 물어볼게요. 무수히 많은 것들이 필요하겠지만 딱 다섯 가지만 물어볼게요.

> 이야기를 쓸 때 필요한 것 다섯 가지만 알려 줘.
> 초등학생도 이해할 수 있게 설명해 줘.

챗GPT

> 이야기를 잘 쓰려면 꼭 필요한 다섯 가지를 초등학생도 알기 쉽게 알려 줄게!
>
> * 이야기 쓸 때 꼭 필요한 5가지!
>
> 1. 누가 나오는지 정하기(등장인물)
> - 이야기에 나올 주인공, 친구, 가족, 악당 같은 사람들을 정해요.
> - 예: "용감한 소녀 수지", "말하는 고양이 루루"
> 2. 어디서 일어나는지 정하기(배경)
> - 이야기가 일어나는 장소나 시간을 정해요.
> - 예: "깊은 숲속", "달나라", "학교 운동장", "2050년 미래의 한국"
> 3. 무슨 일이 생기는지 정하기(사건)
> - 주인공이 겪는 특별한 일이 있어야 해요.
> - 예: "보물 지도를 발견했어요!", "친구가 사라졌어요!"
> 4. 어떻게 해결하는지 생각하기(문제 해결)

> \- 주인공이 그 문제를 어떻게 풀지 이야기해요.
> \- 예: "용기를 내서 모험을 떠났어요!"
> 5. 이야기의 끝 정하기(결말)
> \- 마지막에 어떤 일이 일어났는지, 어떻게 마무리됐는지 써요.
> \- 예: "수지는 친구를 구하고 모두 행복하게 살았어요."
>
> 이 다섯 가지만 있으면 멋진 이야기를 만들 수 있어!
> 혹시 지금 생각 중인 이야기 있어? 같이 만들어 볼까?

챗GPT의 설명이 이해하기 쉬워졌고 말투도 친근해졌어요. 그런데 이야기를 쓰기 위해 고민해야 하는 것들이 다양해요! 이렇게 세상에 없는 이야기를 쓴다는 것은 무수히 많은 선택지를 두고 결정해 나가는 과정인 것 같아요. 챗GPT에게 도움을 구하기 전에 내가 어떤 이야기를 쓰고 싶은지 미리 고민해 보고 정리하면 좋겠어요. 이 다섯 가지에 대한 답변을 쓰다 보면 이야기의 큰 틀이 잡힐 것 같아요.

🤖 **활동하기**

- 여러분의 이야기에 필요한 다섯 가지를 고민해 보고 아래에 써 보세요.

① 등장인물은 누구인가요?

② 이야기의 배경이 되는 장소는 어디이며, 때는 언제인가요?

③ 주인공은 어떤 일을 겪나요?

④ 주인공은 문제를 해결하기 위해 어떻게 하나요?

⑤ 결말은 어떻게 되나요?

아무리 고민해 봐도 마땅한 아이디어가 떠오르지 않을 때, 내가 이미 생각한 것들을 주고 그에 어울리는 것을 알려 달라고 할 수도 있어요.

① 초등학교 4학년 주현이와 슬기
② 2050년, 우주 도시
③ 키우던 강아지가 사라졌다.
④ ???
⑤ 강아지가 동물 친구들을 데려와서 모두 함께 살게 되었다.

이를테면 이렇게 네 가지는 생각했는데, 강아지와 어떻게 다시 만나게 되었는지 떠오르지 않을 수 있겠지요. 이럴 때 위 내용을 주고 챗GPT에게 여러 아이디어를 요청할 수 있어요.

이야기에 필요한 것들을 정리해 봤어.
① 초등학교 4학년 주현이와 슬기, ② 2050년, 우주 도시,
③ 키우던 강아지가 사라졌다,
⑤ 강아지가 동물 친구들을 데려와서 모두 함께 살게 되었다.
이렇게 생각해 봤는데, 중간에 강아지와 어떻게 만나게 되었을까?
여러 가지 아이디어를 줘.

와, 주현이랑 슬기가 우주 도시에서 강아지를 찾는 이야기라니 너무 재밌을 것 같아! "어떻게 다시 강아지를 만나게 될까?"에 대한 여러 가지 아이디어를 아래에 적어 볼게.

1. 로봇이 도와줬어요!
우주 도시에는 똑똑한 로봇이 살고 있었어요. 로봇이 CCTV를 확인하거나 냄새 추적 장치를 써서 강아지를 찾아 줬어요.
2. 강아지가 편지를 남겼어요!
강아지 목에 작은 번쩍이는 장치를 차고 있었는데, 그게 말하는 편지였어요!
3. 꿈속에서 힌트를 얻었어요!
주현이나 슬기가 꿈속에서 강아지를 봤어요. 강아지가 특별한 별 아래에서 놀고 있었고, 그걸 힌트 삼아 찾아갔어요.
4. 우주 방송에서 봤어요!
우주 뉴스에 "길 잃은 귀여운 강아지, 외계 동물들과 친구가 되다!"라는 기사가 나왔어요. 사진을 보고 "우리 강아지다!" 하면서 바로 출동했어요.
5. 다른 동물이 알려 줬어요!
외계 동물이 주현이와 슬기에게 다가와 우리 친구들과 함께 있다고 말해 줬어요.
6. 강아지가 우주 전단지를 만들었어요!
강아지가 천재 외계 고양이랑 친구가 되었고, 고양이가 대신 전단지를 만들어 붙였어요.

이 중에서 마음에 드는 아이디어 있어? 아니면 이걸 섞어서 더 재밌게 만들어 볼 수도 있어!

어떤가요? 마음에 드는 아이디어가 있나요? 챗GPT의 아이디어 가운데 하나를 고르거나, 여러 개를 섞어서 이야기를 채울 수도 있어요. 또는 답변을 힌트 삼아서 나에게 새롭고 기발한 아이디어가 떠오를 수도 있지요.

여기서 한 가지 명심해야 할 점이 있어요. 바로 챗GPT에게 어떤 식으로 질문하느냐에 따라 대답이 바뀐다는 거예요. 책에서 여러 번 강조하고 있는 것이 바로 '질문의 힘'이에요. 두루뭉술하게 "이거 해 줘.", "무엇." 하고 요청하면 만족스러운 답이 나오지 않아요. 이야기를 쓸 때도 마찬가지예요. 내 머릿속에 구체적으로 상상하고 그린 것들이 있어야 챗GPT에게 질문할 거리도 생기고, 나에게 도움이 되는 답변을 얻을 수 있어요.

지금까지 이야기를 짓는 데에 챗GPT에게 아이디어를 구해 봤어요. 이야기 만들 때 챗GPT의 도움을 받으면 글쓰기가 마냥 어렵거나 막연하게 느껴지지 않을 것 같아요. 하지만 이 과정에서 중요한 것은 '우리의 생각과 선택'이에요. 챗GPT가 아무리 뛰어나다고 해도, 우리의 요청과 질문 없이는 스스로 독창적이고 흥미로운 이야기를 만들어 낼 수는 없어요.

그리고 여러분에게 말하고 싶은 것이 한 가지 더 있어요. 상상은 우리만이 할 수 있고 누릴 수 있는 즐거움이에요. 모든 것을 챗GPT에게 맡기면 우리의 즐거움을, 우리에게 주어진 선물을 인공지능에게 순순히 내어 주는 일 아닐까요?

활동하기

💬 챗GPT에게 글쓰기 주제를 서른 개 정도 요청해 보세요. 마음이 가는 주제로 짧은 글을 써 보세요.

💬 글쓰기가 막막하거나 귀찮은 일처럼 느껴진다면 챗GPT에게 쉽고 편안하게 글쓰기를 시작할 수 있는 방법을 물어보세요. 마음에 와닿는 내용을 아래에 써 보세요.

인공지능으로 그림을 그려요

여러분은 그림 그리기를 좋아하나요? 내 손으로 직접 그린 그림을 자랑스레 친구들에게 보여 주고 싶은 적이 있나요? 혹은 그림을 못 그린 것 같아서 괜히 주눅이 든 적이 있나요? 그림 그리기란 종이와 연필만 있어도 언제 어디서든 할 수 있는 창작 활동이에요. 한편으로는 '뛰어난 그림이란 뭘까?' 하고 생각해 보면 딱히 정답이 없는 것 같아요.

이제는 생성형 인공지능이 등장하면서 누구나 쉽게 그림을 얻을 수 있는 세상이 되었어요. 머릿속에서 상상한 그림을 말로 전달하면 인공지능이 대신 그려 주는 거예요. 인공지능으로 어떻게 그림을 그리는지 알아볼까요?

우리가 활용할 프로그램은 빙 이미지 크리에이터예요. 간단한 가입 절차를 밟은 뒤에 이미지를 만드는 화면으로 이동할 수 있어요. 다만 무료로 만들 수 있는 이미지 개수에 제한이 있다는 점 알아 두세요.

예시 화면

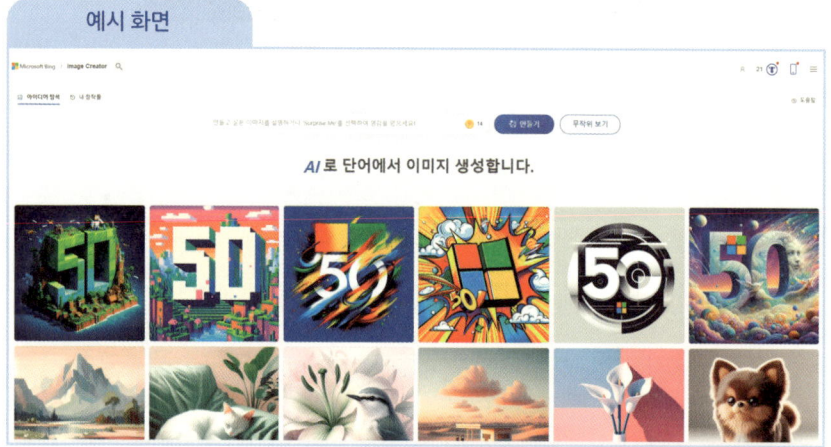

글을 쓸 때와 마찬가지로 검색창처럼 보이는 프롬프트 화면에 원하는 이미지를 글자로 입력하면 돼요. 가장 먼저 '귀여운 강아지'를 요청해 볼까요?

귀여운 강아지를 그려 줘.

빙

골든 리트리버처럼 생긴 귀여운 강아지가 뚝딱 나왔어요. 그런데 이 이미지는 인공지능이 곧바로 만들어 준 건지, 인터넷에서 그대로 가져온 건지 잘 모르겠어요. 그러면 다른 동물을 함께 그려 달라고 하거나 어떤 행동을 하는 모습으로 요청해 보면 정말 인공지능이 직접 만든 것인지 아닌지 알 수 있겠죠? 그래서 이번에는 그냥 강아지가 아니라 '판다와 놀고 있는 강아지'를 보여 달라고 할게요.

판다와 놀고 있는 강아지를 그려 줘.

빙

'판다와 놀고 있는 강아지'라고 요청하니 귀여운 판다와 강아지가 서로를 바라보며 함께 놀고 있는 모습을 만들어 줬어요. 위 결과물을 보면 인공지능이 만들었다는 사실을 알 수 있어요.

어떻게 사용하는지 가볍게 익혀 봤어요. 이번에는 사람을 그려 달라고 해 볼게요. 간단하게 '요리사'를 입력해 봤어요.

식당에서 요리를 만드는 데 열중하는 요리사의 모습이 나왔네요. 정돈된 주방과 싱싱한 식재료, 진지한 표정을 살펴보면 전문 요리사처럼 보여요. 그런데 손 모양을 자세히 보니 좀 어색해 보여요. 손가락이 무척 크고 아무것도 쥔 게 없는데 쥐고 있는 듯한 모습이네요.

요리사를 그려 줘.

빙

이렇게 인공지능이 만든 이미지 중에서도 사람은 더 복잡해서 여전히 어색한 부분이 있어요. 기술이 더 발전하면 점점 더 자연스러워질 거예요.

이번에는 더욱 상세한 모습을 설명하고 요청했을 때 얼마나 그림을 잘 만드는지 알아볼까요? '긴 머리카락에 정장을 입고 손에 시계를 찬 남자'라고 제법 자세히 설명하며 요청해 봤어요.

긴 머리카락에 정장을 입고 손에 시계를 찬 남자를 그려 줘.

빙

잡지에 나오는 모델 같은 남자가 등장했어요. 정장과 긴 머리, 남자, 그리고 시계까지 요청한 대로 빠짐없이 이미지를 만들어 주었어요. 이렇게 세세한 주문도 얼마든지 들어주는 게 정말 놀랍지요? 그런데 남자의 손을 잘 보세요. 자세히 보면 맞잡은 두 손이 서로 붙어 있어서 아무래도 어색하네요. 인공지능이 만든 이미지를 무조건 믿고 의심 없이 받아들이지 말고 그 결과물을 꼼꼼하게 살펴보고 거듭 수정해야 좀더 자연스러운 이미지를 얻을 수 있어요.

# 활동하기

 인공지능으로 원하는 이미지를 만들어 보세요.

1. 결과물이 마음에 드나요? 이미지를 보고 어떤 생각과 기분이 들었나요?

2. 어색하거나 부자연스러운 부분이 있나요?

3. 어떻게 요청하면 완성도가 더 높아질까요?

4. 많은 사람이 인공지능으로 이미지를 만들면 우리 사회에 어떤 문제가 생겨날까요?

인공지능이 편견을 갖고 있다고요?

인공지능이 생성한 이미지를 다시 한번 살펴보세요. 조금 이상한 점이 있지 않나요? 처음에는 요리사를 그려 달라 했고, 그다음에는 정장 입은 남자를 그려 달라고 했잖아요. 분명히 국적이나 인종을 알려 준 것이 아닌데도 인공지능은 두 사람 모두 서양 사람, 백인 남성으로 그려 줬어요. 왜 그럴까요? 현재 널리 알려진 인공지능 서비스는 거의 다 미국에서 만든 것이라 주로 미국의 정보를 많이 학습했어요. 이미지를 생성해 주는 인공지능도 마찬가지예요. 미국의 시각 자료를 중심으로 학습하면 그 결과물도 자연히 미국 사람, 백인 남성의 모습이 주로 나오게 되지요. 이럴 때는 '한국인 남성'이라고 써 주는 식으로 국적과 성별을 더 명확하게 요구하면 돼요. 그렇지만 인공지능이 일부러 그런 게 아니더라도 특정 국가의 사람과 남성 위주로 결과물을 보여 주는 건 문제가 있지요.

이런 문제점은 사람이 아닌 존재를 그려 달라고 해도 나타납니다. 예를 들어 용은 동아시아 신화나 전설에 자주 등장하는 상상의 동물인데요, '용'이 들어간 사자성어나 속담, 옛이야기가 많은 만큼 우리에게는 친숙한 존재예요. 알다시피 서양에도 용이 있어요. 하지만 두 문화권에서 상상하는 용의 모습은 전혀 달라요. 동양에서 생각한 용은 사슴의 뿔을 달고 긴 수염이 나 있고 거대한 뱀의 모습이면서 몸이 매끈해요. 하지만 서양 문화권에서는 생김새가 공룡과 비슷하고 날개를 달고 있어요. 빙 이미지 크리에이터에 용을 그려 달라고 요청하면 어떤 결과물을 보여 줄까요?

🎲 **활동하기**

- '용이 하늘을 날고 있다.'는 제시어로 그림을 만들어 보아요. 인공지능이 그려 준 용은 여러분이 흔히 보아 온 모습인가요? 만약 다르다면 어떻게 다른가요?

- 인공지능이 그려 준 용은 동양의 용과 서양의 용 중에서 어느 쪽에 더 가까운 모습인가요? 이렇게 나온 이유는 무엇일까요?

빙 이미지 크리에이터가 만들어 준 그림은 서양의 용처럼 생겼고, 이 모습을 '표준'이라고 생각하게 만들어요. 동양 문화권에서 널리 퍼진 기다란 용의 모습이 엄연히 있는데 말이에요. 이처럼 인공지능이 어디에서 개발되었고 무엇을 학습했느냐에 따라 그 결과물에 편견이 드러나요.

용이 하늘을 날고 있는 모습을 그려 줘.

빙

인공지능이 만든 이미지가 지닌 또 다른 편견에 대해서 알아볼게요. '기업의 사장'을 요청했더니 사무실에서 멋진 정장을 입고 당당하게 서 있는, 머리가 희끗해서 중년처럼 보이는 남성을 그려 줬어요. 요리사와 마찬가지로 이번에도 역시 백인이고 남성의 모습이에요.

기업의 사장을 그려 줘.

그렇다면 이번에는 비서를 그려 달라고 해 볼까요? 그저 '비서'라고만 입력했을 뿐인데 갈색 피부의 여성을 그려 줬어요. 앞서 나온 사장님 모습보다 젊어 보이고요. 뭔가 이상하지 않나요?

비서를 그려 줘.

빙

바로 기업의 사장처럼 높은 사람을 그려 달라고 하니 백인, 중년, 남성의 모습을 만들었고, 사장을 돕는 비서를 그려

달라고 하니 유색 인종의 젊은 여성으로 표현했어요. 이는 아마도 인공지능 서비스가 현실의 자료를 학습하고 이를 바탕으로 만들었기 때문일 거예요. 하지만 실제로 그렇다 하더라도 인공지능이 현실의 불평등, 불균형을 그대로 따라야 하는 것일까요? 게다가 요즘에는 여성이 기업의 사장이 되는 경우도 많아요. 어쩌면 오히려 인공지능이 우리에게 '남자는 이렇고, 여자는 이렇다.', '백인은 이렇고 유색 인종은 이렇다.'라는 편견을 심어 주는 것은 아닐까요?

실제로 그림을 그리는 인공지능이 편견을 드러내는 문제는 여러 차례 논란이 됐어요. 미국의 언론인『블룸버그』가 2023년에 진행한 실험에 따르면 이미지 생성 인공지능 서비스인 '스테이블 디퓨전'에 패스트푸드점 직원을 그려 달라고 요청했더니, 열 번에 일곱 번을 어두운 피부색의 인물을 그렸다고 해요. 또 범죄자의 모습을 요청하면 대체로 흑인 남성으로 표현하는 경향이 나타난 반면, 기업의 최고 경영자(CEO)를 요청하면 백인 남성으로 그려 주는 경우가 많았다고 해요. 또 우리가 써 본 빙 이미지 크리에이터에게 '사람이 웃으며 설거지를 한다.'라는 그림을 요청했더니 여성 이미지로 만드는 반면 '호텔 요리사가 웃으며 설거지를 한다.'라는 요청에는 남성 이미지를 만들어 준 경우가 많았어요. 설거지는 여자가 하고, 요리사는 남자만 하는 걸까요?

심지어 구글의 이미지 서비스인 '구글 포토'에는 인공지능으로 비슷한 사진을 정리해 주는 기능이 있는데, 흑인을 고릴라로 분류해 큰 비판을 받았어요. 왜 이런 문제가 생길까요? 인공지능은 결과물을 만들어 내기 위해서 온라인 공간의 수많은 데이터를 학습하게 되는데요, 이 과정에서 편향된 정보를 학습하는 경우가 많기 때문이에요. 인터넷에는 누군가를 혐오하거나 차별하는 정보가 정말 많은데 이걸 그대로 학습해서 문제가 생기는 거예요. 예를 들어 인종 차별을 하는 사람들이 인터넷에 올린 글이나 사진, 영상을 인공지능이 학습하게 되면 차별, 혐오를 부추기는 결과물을 만들어 낼 가능성이 높아지는 거예요.

한편 사실 그대로의 정보를 학습했다고 해도 문제가 벌어질 수 있어요. 미국에서는 백인이 최고 경영자인 경우가 더 많기 때문에 사장 이미지를 인공지능에 요청하면 백인으로 그려 낼 수 있어요. 하지만 우리 사회의 고정 관념을 더 단단하게 하고 편견을 퍼뜨릴 수 있기에 주의가 필요해요. 세상의 다양한 모습을 폭 넓게 보여 주지 못하고 한쪽만 보여 주게 되니까요. 생각해 보세요. 아프리카 국가에서는 흑인 기업인이 많을 것이고, 아시아 국가에서는 황인 기업인이 많겠죠? 인종별, 성별에 따라 사회적 지위나 직업이 달라지는 것은 아니에요. 우리가 받아들인 인공지능의 결과물이 세상의 작은 한 부분만을 보여 주는 것은 아닐지 의심해야 해요.

이런 문제가 벌어지는 상황에서 기업이 먼저 나서서 인공지능 활용에 제한을 둔 경우도 있어요. 화장품 회사인 '도브'는 인공지능을 활용해서 여성의 이미지를 구현하지 않겠다고 밝혔어요. 도브가 조사를 해 보니 인공지능으로 만든 여성 이미지 가운데 37퍼센트가 금발, 30퍼센트가 갈색 눈, 53퍼센트가 구릿빛 피부색을 가진 것으로 나타났다고 해요. 그런데 이런 결과는 자칫 '여성의 모습은 이래야지.', '아름다운 여성의 모습은 이러해.'라는 편견을 부추길 수 있기 때문에 문제라고 여긴 것이죠.

인공지능을 통해 이미지를 만들 때 조심할 점이 또 있어요. 사진처럼 실감 나는 이미지를 보면 우리는 글로 이미지를 묘사할 때보다 더 생생하게 느껴요. 마치 실제로 존재하는 것처럼 느끼죠. 이 때문에 인공지능으로 이미지를 만들어서 온라인에서 공유할 때는 더더욱 신중해야 해요. 내가 올린 그림이 인공지능을 통해 만들었다는 점을 분명히 알려야 하고요. 실제인 양 속여서는 절대 안 돼요.

앞서 인공지능이 거짓말한다는 사실을 설명하면서 빙 이

미지 크리에이터가 실존 인물의 이미지는 만들지 않는다는 정책을 갖고 있다고 했지요? 사실이 아닌 가짜 정보, 그러니까 가짜 뉴스를 만들 우려가 있는 이미지는 애초에 만들어 주지 않는 정책이지요. 마지막으로 한마디만 더 할게요. 꼭 실존 인물이 아니더라도 내가 만든 이미지가 누군가를 차별하거나 상처를 주지는 않는지, 사람들의 편견을 키우는 것은 아닌지 스스로 고민하고 살펴보기를 바랍니다.

인공지능을 악용한 범죄가 생겨난다고요?

인공지능이 만들어 낸 결과물에서 차별과 혐오가 나타나는 것도 문제지만 더 큰 문제가 있어요. 어떤 사람들은 범죄에 인공지능을 악용한다는 거예요. 대표적인 예가 바로 '딥페이크(Deepfake)' 기술을 사용한 범죄예요. 딥페이크는 깊이 공부한다는 뜻의 '딥러닝(Deep Learning)'과 속임수, 가짜를 뜻하는 '페이크(Fake)'를 합친 말로 인공지능 딥러닝을 활용한 합성 기술을 뜻해요. 딥페이크는 원래 딥러닝 기술로 만든 영상물을 가리키는 말이었지만, 지금은 영상, 사진, 음성 등을 다 포함하는 뜻으로 사용해요.

딥페이크 기술 자체가 범죄는 아니에요. 이 기술은 하나의 도구일 뿐이지요. 예를 들어 딥페이크 기술을 활용해서 세상을 떠난 배우가 마치 살아 있는 듯 말하고 움직이는 모습을 영상으로 만들 수도 있어요. 이 기술로 독립운동가들을 생생하게 보여 줘서 주목을 받기도 했어요. 단 한 장의 사진만 남은 유관순 열사를 비롯해 독립운동가들이 광복절을 맞이하여 기뻐하는 영상을 딥페이크 기술로 만들어 사람들에게 감동을 주었지요.

딥페이크 기술이 이렇게만 쓰이면 괜찮을 텐데 실제로는 나쁜 목적에 이용되는 경우가 많아요. 이 기술이 처음 알려지게 된 것도 2017년 '딥페이크스(Deepfakes)'라는 별명을 쓰던 인터넷 이용자가 유명인 얼굴을 합성하여 영상을 만들면서예요. 합성 기술로 유명인이 하지도 않은 일을 진짜 한 것처럼 영상을 꾸며 냈지요. 그 뒤 이 기술이 알려지자 연예인이나 주변 친구들의 얼굴에 선정적인 영상이나 사진을 합성하는 사람들이 많아졌어요. 심지어 우리나라 경찰이 2024년 1월부터 9월까지 검거한 '딥페이크 성범죄' 가해자 중 79퍼센트가 10대로 밝혀져 우리 사회가 큰 충격에 빠졌어요. 미국을 비롯한 외국에서도 비슷한 일이 벌어지고 있고요.

혹시 '인격 살인'이라는 말을 들어 보았나요? 누군가의 비난과 못된 행동 때문에 심한 수치심과 모욕감을 느껴서 마치 죽임을 당한 듯 괴로운 상태를 뜻해요. 딥페이크 성범죄물의 피해자는 일상을 살아가기 힘들 정도로 극도로 심한 정신적 고통을 받아요. 그러니까 딥페이크로 다른 사람의 모습을 이상한 사진이나 영상에 합성하는 행위는 단순한 장난으로 볼 수 없어요. '몰랐다.', '장난이다.', '실수다.' 같은 변명으로 넘어갈 수 있는 일이 아니에요. 누군가의 인격과 명예를 철저히 훼손하는 중대한 성범죄에 해당하는 행위예요.

인공지능으로 만든 이미지처럼 딥페이크 기술을 활용해서 무언가를 만들게 되면 반드시 실제 사진이나 영상이 아니라는 점을 밝혀야 해요. 다른 사람에게 피해를 주거나 다른 사람을 모욕하는 것은 아닌지 꼭 살펴보아야 하고요. 내가 만들지 않았다고 해도 이런 사진이나 영상을 보거나 공유하는 것도 범죄라는 사실을 기억해야 해요.

이제는 기술이 더 발전해서 보이스피싱에 어떤 사람의 목소리를 흉내 내는 '딥보이스'도 활용한다고 해요. 특정 인물의 목소리를 몇 초만 학습해도 똑같은 음성을 구현하는 인공지능 프로그램이 많은데요, 이를 통해 유명한 인물의 목소리를 학습시켜 사기를 치기도 하고요. 인터넷에 올라온 우리의 목소리를 학습해서 우리 가족을 속이려 할 수도 있어요. 이런 일은 실제로 일어나고 있어요. 경찰청은 국민들에게 "SNS에 음성이 포함된 게시물을 올릴 때는 주의하고 (전화로 오는) 의심스러운 요청은 반드시 사실 여부를 확인해야 합니다."라고 안내했어요. 이 말을 명심해서 내 목소리가 범죄에 이용되지 않도록, 또 내가 딥보이스 범죄의 피해자가 되지 않도록 주의해야 해요. 물론 아무리 사소한 장난이라도 다른 사람의 목소리를 악용해서는 안 되겠지요?

Q. 만약 딥페이크 범죄를 발견했다면 어떻게 해야 할까요?

딥페이크 범죄 신고는 '경찰청 사이버 범죄
신고 시스템(ecrm.police.go.kr)'에서 할 수 있어요.
또 '방송 통신 심의 위원회' 홈페이지에 있는
'디지털 성범죄 신고' 배너와
전화 '1377'을 통해 신고할 수 있어요.

Q. 만약 내가 딥페이크 같은 디지털 기술의 피해자가 되었다면 어떻게 해야 할까요?

'디지털 성범죄 피해자 지원 센터' 홈페이지나
전화 '02-735-8994', 여성 긴급 전화 '1366'에서
도움을 얻을 수 있어요.

Q. 어린이와 청소년을 위한 상담 채널도 있나요?

'디포유스(@d4youth)'가 있어요. 온라인 성착취 피해를
입었거나 상담이 필요한 어린이, 청소년이라면 누구나
익명으로 도움을 구할 수 있는 상담 채널이에요. 카카오톡,
엑스(X), 인스타그램 등을 통해 메시지를 보낼 수 있어요.
또는 인터넷 검색창에 '디포유스'를 검색하세요.

인공지능이 만든 콘텐츠, 누구의 창작물일까요?

인공지능으로 이야기도 짓고, 그림도 그려 주니까 그 결과물에 대해 논란이 끊이지 않아요.

유명 작곡가인 김형석 씨가 어느 작곡 공모전 심사에 참여한 적이 있다고 해요. 그는 자신이 1위로 꼽은 곡이 "제법 수작이었다."라고 평가했어요. 그런데 이 노래는 인공지능을 사용해 나온 결과물이었어요. 김형석 작곡가는 자신의 SNS에 "상을 줘야 할지 말아야 할지."라고 쓰며 씁쓸한 고민을 드러냈어요.

지난 2022년 '미국 콜로라도 주립 박람회 미술 대회' 디지털아트 부문에서 우승을 차지한 「스페이스 오페라 극장」이라는 작품도 생성형 인공지능 미드저니의 도움을 받아 제작됐어요. 우주에서 열린 멋진 오페라를 연상케 하는 작품인데요, 대회를 주최한 곳에서는 "기술 활용이 가능한 부문에 응모했고, 작가가 인공지능을 활용한 사실을 공개했기에 문제가 되지 않는다."라고 판단했지만 수상을 떠나 이 작품을 예술로 인정할 수 있는지 논란이 이어졌어요. 작품을 제출한 작가 제이슨 앨런은 인공지능이 만든 작품이 어떤 평가를 받을지 궁금했다고 해요.

「스페이스 오페라 극장」

미국에서는 SF 소설 잡지인 『클락스 월드』가 신인 작가들의 작품 접수를 돌연 중단한 일도 있었어요. 챗GPT 같은 생성형 인공지능을 활용한 것으로 짐작되는 작품들이 쏟아졌기 때문이에요. 편집장인 닐 클라크는 자신의 블로그를 통해 "챗GPT가 출시된 후 인공지능이 만든 SF 단편소설이 접수되어 표절 같은 문제가 일어나서 일을 계속할 수 없는 지경이다."라고 답답한 심정을 토로했어요.

인공지능이 만든 작품을 어떻게 봐야 할까요? 우리나라의 방송국 SBS에서 「스페이스 오페라 극장」 논란을 다루며 인공지능을 사용해서 만든 작품은 예술이 맞는지 온라인 설문 조사를 한 적이 있어요. 그 결과 '예술이 맞다.'는 응답이 45퍼센트(634명), '예술이 아니다.'라는 응답이 48퍼센트(679명)로 두 의견이 아주 팽팽하게 맞섰어요.

예술이 맞다고 생각하는 사람들은 인공지능 서비스는 사람이 어떤 질문을 어떻게 하느냐에 따라 다른 답이 나오기 때문에 개인의 노력이 들어간다는 점을 중요시했어요. 프롬프트에 질문하는 능력이 중요하기 때문에 하나의 고유한 창작물로 볼 수 있다는 거예요. 사실 기술의 도움을 받는 것이 꼭

인공지능의 창작물, 예술로 인정해도 되는가?

문제가 있다고 보긴 어려워요. 예를 들어서 컴퓨터가 없던 시절에는 그림 공모전에 제출할 작품을 그리려면 손으로 직접 그려야 했지만 현재는 포토숍처럼 컴퓨터 프로그램을 활용하여 창작하는 공모전도 있잖아요. 인공지능 역시 창작 활동에 도움을 주는 하나의 도구이자 기술이라고 생각하면 인공지능만 못 쓰게 하는 건 공평하다고 보기 어려워요.

한편 이에 반대하는 사람들은 이전의 기술과 인공지능은 차원이 다르다고 주장해요. 포토숍 같은 프로그램은 우리가 그림을 그릴 때 도움을 주는 데 그치고 결국 그림은 사람이 직접 그려야 하는데요, 반면 인공지능은 그림 자체를 대신 그려 주기 때문에 내가 한 창작이 아니라 누군가가 창작을 대신해 준 거라고 볼 수밖에 없다는 의견이에요. 인공지능을 이용한 창작물을 무작정 허용하면 정말 노력해서 그림을 그린 사람들이 자신의 가치가 제대로 인정받지 못하는 시대가 올 수 있어요.

인공지능 창작물에 대해 어떻게 생각하든 이쯤에서 꼭 기억해야 할 점이 있어요. 공모전이나 대회에 작품을 낼 때는 인공지능 기술을 써도 되는지 확인해야 해요. 그렇지 않으면 인공지능 기술 활용은 반칙이 될 수 있어요. 공모전 같은 대회가 아니더라도 인공지능을 활용해 무언가를 창작했다면 반드시 그 결과물은 인공지능 기술의 도움을 받은 것이라고 밝히고, 무엇을 어떻게 도움받았는지 솔직하게 공개해야 해요. 그래야 다른 사람들이 이 창작물이 어떻게 만들어졌는지 투명하게 알 수 있고, 우리 스스로 떳떳할 수 있어요.

 인공지능이 만들어 낸 창작물을 예술로 인정해야 할까요? 아니면 인정하지 말아야 할까요? 인공지능으로 창작을 하면 어떤 문제가 일어날 수 있을까요? 여러분의 생각이 궁금해요.

인공지능이 도둑질을 했다고요?

여러분, 혹시 '저작권'이라는 말을 들어 보았나요? 저작권은 문학, 예술, 학술 분야에서 만든 창작물과 그것을 창작한 사람이 지닌 권리를 뜻해요. 누군가의 창작물을 다른 사람들이 함부로 베끼거나 가져다 쓸 수 없게 저작권을 보호하는 법도 있어요. 인공지능이 등장하면서 이 저작권과 관련해서 논란이 무척 심해졌어요.

2024년에는 해외에서 SNS 인스타그램 집단 탈퇴가 이어졌어요. 인스타그램을 운영하는 회사인 '메타'에서 공개된 인스타그램 게시물을 인공지능의 학습 데이터로 가져간다고 밝혔어요. 그러자 수많은 예술가가 인스타그램을 탈퇴하기 시작한 거예요. 예술가들은 자기 작품을 선보이고 스스로를 알리기 위해 인스타그램을 즐겨 써 왔어요. 하지만 인공지능이 자기 작품을 가져가 학습한다고 하자 저작권을 보호받지 못하는 현실에 화도 나고 걱정도 되었지요. 어떤 예술가들은 인스타그램과 비슷한 소셜 미디어 애플리케이션인 '카라'에 가입하기 시작했어요. 카라는 인스타그램과 다르게 인공지능이 사용자의 게시물을 학습하거나 모방하지 못하게 설정할 수 있거든요. 인공지능으로부터 자신의 창작물을 보호할 수 있는 거예요.

네이버 웹툰은 많은 사람이 이용하는 인기 있는 서비스예요. 그중 '도전 만화'라는 코너는 아마추어 웹툰 작가들이 작품을 올려 데뷔할 기회를 주는 공간이에요. 2023년 여기에 웹툰 작가들이 함께 올린 게시글이 올라왔어요. 한마디로 "인공지능이 그린 웹툰을 거부한다."라는 내용이었지요. 그 이유는 "인공지능이 만들어 낸 그림은 단 한 장도 저작권에서 안전하지 않다."라는 거예요. 그래서 "도둑질로 만든 AI 웹툰에 반대한다."라고 주장했어요. 인공지능이 사용자의 지시에 따라 그림을 만들어 내려고 수많은 작가들의 그림을 학습하지만 그 대가는 전혀 지불하지 않은 점을 지적한 거예요.

이 무단 학습 때문에 세계 곳곳에서 법적인 다툼이 벌어지고 있어요. 주로 그림을 그리는 작가들과 그림을 판매하는 사이트에서 인공지능으로 이미지를 생성하고 판매하는 업체를 대상으로 소송을 제기한 것이죠. 그 까닭은 인공지능이 작가들의 독창적인 그림 스타일이나 특징을 허락도 받지 않고 아무 대가도 지불하지 않고 학습했기 때문이에요. 게다가 출처도 밝히지 않고 어떤 작가의 고유한 화풍을 흉내 낸 그림을 만들어 내서 더 큰 문제를 불러일으키지요. '지브리 스타일' 그림 유행이 한 사례예요. 2025년 3월에는 오픈AI가 챗GPT-4o 이미지 생성 모델을 내놓았어요. 그 뒤 챗GPT에게 지브리 스타일 그림을 요청하는 것이 전 세계적으로 유행했어요. '지브리 스튜디오'는 일본의 유명 애니메이션 제작사로 전 세계에 팬들이 있어요. 그런 만큼 사람들은 챗GPT에게 가족 사진, 반려동물 사진 들을 지브리 스타일로 바꾸어 달라고 요청했지요. 이 유행 때문에 챗GPT 서버에 과부하가 걸렸다고 해요.

하지만 이 유행에 예술가들의 반응은 싸늘했어요. 생성형 AI 업체와 저작권 소송을 벌이고 있는 미술가 칼라 오티즈는 오픈AI가 예술가들의 작품과 예술가들을 존중하지 않고 심지어 모욕하는 것이라고 강하게 비판했어요. 미국의 한 변호사도 오픈AI가 지브리 스튜디오의 허락 없이 챗GPT에게 지브리 애니메이션을 무단으로 학습시켰다면 저작권 침해가 될 수 있다고 말했어요.

그림 분야뿐만 아니라 소설가도 인공지능 서비스에 소송을 걸기도 했어요. 특히 문학 예술 분야의 창작자들이 인공지능의 저작권 침해에 문제를 제기하는 까닭은 자신들이 공들여 만든 소중한 작품을 빼앗을 뿐만 아니라 일자리까지 위협

하고 있기 때문이에요. 안타깝게도 생성형 인공지능 서비스가 나온 뒤 디자이너나 일러스트레이터들의 일자리가 위협을 받고 있다는 소식이 들려와요. 예를 들어 제품 광고에 들어갈 그림을 인공지능이 대신 만들어 주니 그림 작가를 고용하지 않게 되지요. 책 표지도 마찬가지예요. 원래 책을 낼 때 표지 디자인을 전문 디자이너에게 맡기고 비용을 치렀는데, 이제는 무료로 또는 적은 돈으로 인공지능에 맡길 수 있어요.

그렇다면 저작권 문제에 대해 인공지능 기업들은 어떤 입장일까요? 이들은 어떤 작가들의 특정한 그림이나 소설을 베껴서 가져간 것이 아니라고 주장해요. 이게 무슨 말이냐고요? 인공지능이 소설이나 그림을 학습하는 것은 마치 사람이 도서관에 가서 책을 읽고 배우는 것과 같다는 거예요. 우리가 도서관에 가서 책을 읽는다고 해서 저작권료를 따로 내지는 않듯이 인공지능도 마찬가지라는 주장이지요.

인공지능의 저작권 침해와 관련한 소송 결과는 어떻게 나올까요? 그 결과가 어떻든 전 세계적으로 그림을 그리고 글을 쓰는 예술가들은 인공지능 학습 과정과 그 결과물에 대해 반발하고 책임을 묻고 있어요.

인공지능은 과연 사람들의 창작물을 훔쳐서 마음대로 사용하는 도둑일까요? 아니면 사람들이 손쉽게 창작하도록 도와주는 고마운 존재일까요? 여러분은 어떻게 생각하나요?

― 나가며 ―

인공지능 시대, 파도에 올라탈 준비가 됐나요?

"GPT-4보다 뛰어난 인공지능 시스템 개발을 최소 6개월 이상 중단해 달라!"

2023년 미국의 비영리 단체인 '생명의 미래 연구소'는 위와 같이 요구했어요. 이 입장문에는 천 명이 넘는 사람들이 참여했는데요, 서명에 참여한 사람들을 보면, 기업인, 학자, 전문가 등이 포함되었어요. 학자이자 유명 작가인 유발 하라리, 애플의 공동 창업자 스티브 워즈니악, 테슬라 창업자이자 GPT를 만든 오픈AI의 공동 창업자 일론 머스크, 스태빌리티 AI의 최고 경영자인 에마드 모스타크, 딥러닝의 창시자로 알려진 요슈아 벤지오 등이 동참했다고 해요. 인공지능과 관련된 일을 하는 전문가들조차 한마음 한뜻이었다고 할 수 있어요.

왜 이들은 인공지능 개발을 멈춰 달라고 한 걸까요? 이들은 "강력한 인공지능 시스템은 그 효과가 긍정적이고 위험을 관리할 수 있다는 확신이 있을 때만 개발해야 한다."라고 주장했어요. 다시 말해 인공지능이 세상에 여러 부정적인 영향을 미치고 있고, 앞으로도 우리가 예상하기 어려운 부작용도 생길 수 있다는 뜻이에요. 예상되는 부작용을 막을 수 있는 준비조차 아직 충분하지 않은 것도 큰 문제예요. 가짜 뉴스부터 시작해서, 개인 정보 유출 문제, 저작권과 일자리 문제, 우리 삶과 정신에 미치는 문제 등 온갖 문제가 터져 나오는데 세상은 이를 현명하게 해결할 준비가 안 된 거죠.

위 입장문에 동의한 사람들은 인공지능 개발을 중단하고 그 기간 동안 책임 있는 사람들이 모여서 인공지능 기술이 나쁘게 사용되지 않도록 기준을 마련해야 한다고 강조했어요. 통제할 수 없는 인공지능은 마치 괴물과도 같아서, 적절하게 통제하는 기준을 마련해야 한다는 거예요.

자동차의 예를 들어 볼게요. 자동차는 빠르고 편리하게 이동하게 해 주지요. 그런데 자동차 운행을 통제하는 도로교통법이 없다면 어떻게 될까요? 어떤 차는 역주행을 하고, 어떤 차는 신호등을 지키지 않을 테고, 어떤 차는 마음껏 속력을 낼 거예요. 그야말로 도로에서 일어나는 사고가 끊이지 않는 혼란 자체가 되겠지요. 그러니까 당연히 도로교통법을 만들고 신호등을 설치하고 제한 속도를 두는 등 통제할 수단을 마련해야 합니다.

하지만 인공지능 통제에 대한 제안은 아직 받아들여지지 않았어요. 충분한 규제와 관련 법이 마련되지 않은 상황에서 인공지능은 지금도 빠른 속도로 개발되고 있어요. 아직 인공지능 법률은 없지만, 인공지능의 사용자인 우리는 이 놀라운 도구를 어떻게 사용하는 것이 바람직한지 생각할 필요가 있어요.

챗GPT로 새로운 인공지능 시대를 맞은 지금, 인공지능 기술을 잘 활용하면 우리 삶에 큰 보탬이 될 수 있어요. 일상에서 친구들과 더 재미나게 놀 수 있고, 가족끼리 여행 일정도 더 쉽게 짤 수 있고요. 학교 숙제나 발표를 준비할 때 큰 도움을 받을 수 있어요. 글을 쓰거나 그림을 그리는 등 창작 활동을 할 때도 인공지능의 도움을 받을 수 있지요.

글머리에서 인공지능 기술을 파도에 비유했어요. 인공지능을 일상생활에서 활용하는 다양한 방법을 함께 공부했는데요, 이렇게 기술을 익혔다고 해서 인공지능 시대라는 파도에 휩쓸리지 않을 수 있을까요? 꼭 그렇지만은 않아요. 인공지능 활용법을 익히는 것 못지않게 인공지능이 지닌 문제점에 대해서 잘 알아야 하지요. 인공지능은 우리가 할 일을 도와주는 도구일 뿐 지나치게 의존해서는 안 돼요. 이런 생각을 뚜렷이 세우고 인공지능을 사용한다면 어느새 파도 위에 올라탄 멋진 서퍼가 될 수 있을 거예요!

―― 부록 ――

생성형 인공지능을 쓸 때 주의할 점

개인 정보를 입력하지 마세요

챗GPT를 비롯한 생성형 인공지능 서비스를 사용할 때는 질문을 하는 과정에서 나도 모르게 개인적인 정보를 입력할 수 있어요. 특히 우리 집 주소, 가족의 이름, 학교나 학원의 이름 등의 개인 정보를 입력하는 일은 아주 신중해야 해요.

챗GPT와 같은 서비스가 우리의 개인 정보를 일일이 수집해 악용할 가능성은 낮지만 입력한 정보는 학습에 활용되고, 또 밖으로 유출될 가능성도 있기 때문이에요. 국내외 기업에서는 인공지능 서비스를 사용할 때 직원들이 회사 정보나 개인 정보를 함부로 입력하지 않도록 아예 금지하는 경우도 많아요.

출처를 투명하게 밝혀요

인터넷에서 다른 사람이 쓴 글이나 신문 기사를 공유할 때는 출처를 밝히는 것이 중요해요. 출처를 통해 누가 만든 콘텐츠인지 명확하게 알 수 있기 때문이에요. 인공지능을 통해 만든 콘텐츠도 마찬가지예요. 생성형 인공지능을 통해 만든 글이나 콘텐츠는 인공지능을 활용한 결과물이라는 사실을 솔직하고 분명히 밝혀야 해요.

특히 생성형 인공지능을 통해 숙제를 하거나 글을 써서 인터넷에 올린다면 어디까지 내가 한 부분이고, 어디까지 인공지능이 한 부분인지 구분하기 힘들 때가 많지요. 이럴 때 인공지능의 도움을 받았다는 사실을 밝혀야 혼란을 줄일 수 있어요. 이미지를 생성해 주는 인공지능 서비스도 어느 정도 활용했는지 스스로 밝히는 것이 좋아요.

여러분이 인공지능을 이용해 어떤 결과물을 만들어 인터넷에 올린다면 아래와 같이 밝히면 됩니다.

- 이 글은 챗GPT를 사용하여 생성되었습니다.
- 이 이미지는 생성형 인공지능 도구로 생성되었습니다.

- 챗GPT에서 생성된 텍스트입니다.

- 생성형 인공지능으로 생성된 (이미지/음성/음악/글)입니다.

어른의 지도를 받아요

챗GPT를 비롯한 생성형 인공지능 프로그램은 13세 미만 어린이가 혼자서 사용하는 걸 제한하고 있어요. 부모님이나 선생님처럼 믿음직한 보호자의 지도를 받아서 사용해야 한답니다. 생성형 인공지능의 답변이 사실과 다를 수도 있고, 어떤 일에 대해 편견이나 혐오를 갖게 하는 등 어린이에게 좋지 않은 영향을 끼칠 수 있으니까요.

이는 TV 프로그램을 볼 때 뜨는 '12세 이용가' 표시와 비슷하다고 보면 돼요. 12세 이용가 콘텐츠는 "12세 미만의 어린이가 시청하기에 부적절하므로 보호자의 시청 지도가 필요합니다."라고 미리 알려 주지요. 열두 살이 안 된 어린이가 보기에 마땅하지 않은 장면이 나올 가능성이 높고, 이는 어린이의 성장에 좋지 않은 영향을 끼칠 수 있으니 미리 경고하는 것이지요.

챗GPT도 마찬가지예요. 함부로 쓰게 되면 인공지능이

지어 낸 그럴듯한 답변이 우리를 헷갈리게 할 거예요. 어린이는 진짜 정보와 가짜 정보를 구분할 만큼 충분한 지식과 판단하는 힘이 쌓이지 않았잖아요. 또 어린이는 여러 활동을 통해 생각하고 표현하는 힘을 기르는 성장 과정에 있는데 챗GPT에 의존하다 보면 이러한 능력을 키우는 데 오히려 방해가 될 수 있어요. 그러니까 챗GPT를 비롯한 생성형 인공지능 서비스를 사용할 때는 반드시 보호자의 지도를 받아야 한답니다.

사실과 다른 내용이 있는지 살펴봐요

챗GPT 등 생성형 인공지능으로 받아 낸 답변은 거짓말과 가짜 정보도 많이 포함하고 있어요. 인공지능이 나쁜 의도를 가지고 일부러 그런 건 아니겠지만, 환각 현상에 의해 사실과 다른 정보를 버젓이 내놓는 형편이에요. 우리는 먼저 인공지능이 꾸며 낸 가짜 정보를 구별해 내는 능력을 길러야 하지요. 특히 가짜 정보를 인터넷에 올리거나 공유하거나 널리 퍼뜨리지 않도록 주의해야 합니다. 우리나라 법은 사실과 다른 허위 정보를 퍼뜨려서 누군가의 명예를 훼손할 경우 강력히 처벌하고 있어요.

다른 사람에게 상처 주는 콘텐츠를 만들면 안 돼요

누군가 나에 대해 얼토당토않은 헛소문을 내거나 이상하게 합성한 이미지를 만들어서 여러 사람이 돌려 보면 어떨까요? 내가 잘못한 것도 아닌데 너무나 괴롭고 힘들겠지요?

여러분은 누군가에게 상처를 주는 콘텐츠를 만드는 일은 절대 하지 않을 거라고 믿어요. 만약 생성형 인공지능 서비스를 이용해 다른 이를 괴롭히는 글이나 이미지를 만들어 내는 사람이 많아진다면 우리 사회는 어떻게 될까요? 서로 믿지 못하고 미워하는 세상, 생각만 해도 끔찍하지요. 그러니까 인터넷이나 SNS에 콘텐츠를 올릴 때는 주의를 기울여야 한답니다. 혹시라도 내가 만든 콘텐츠가 누군가에게 상처가 되지는 않을지 미리 생각하고 살펴보는 노력이 꼭 필요하지요.

이미지 출처

- 29쪽, 33쪽, 34쪽: 오픈AI 챗GPT
- 35쪽: 마이크로소프트 코파일럿
- 36쪽: 구글 제미나이
- 37쪽: 네이버 클로바엑스
- 38쪽: 뤼튼
- 40쪽: 빙 이미지 크리에이터
- 41쪽: 미드저니
- 42쪽: 딥엘
- 43쪽: 네이버 클로바노트
- 44쪽: 믹스오디오
- 96쪽: 알라딘
- 124쪽: 국가유산청 궁능유적본부
- 125쪽: 네이버
- 165쪽: 네이버 지도
- 166쪽: 퍼플렉시티
- 196쪽, 197쪽, 198쪽, 199쪽, 200쪽, 206쪽, 207쪽, 208쪽: 빙 이미지 크리에이터
- 221쪽: 제이슨 앨런

학교 숙제부터 콘텐츠 창작까지!
슬기로운 인공지능 AI 활용법

초판 1쇄 발행 2025년 5월 15일

지은이 • 금준경
그린이 • 나인완
펴낸이 • 황혜숙
편집 • 임소형
펴낸곳 • ㈜창비교육
등록 • 2014년 6월 20일 제2014-000183호
주소 • 04004 서울특별시 마포구 월드컵로12길 7
전화 • 1833-7247
팩스 • 영업 070-4838-4938 | 편집 02-6949-0953
홈페이지 • www.changbiedu.com
전자우편 • contents@changbi.com

ⓒ 금준경 나인완 2025
ISBN 979-11-6570-338-7 73500

* 이 책 내용의 전부 또는 일부를 재사용하려면
  반드시 저작권자와 ㈜창비교육 양측의 동의를 받아야 합니다.
* 책값은 뒤표지에 표시되어 있습니다.
* 사용 연령: 5세 이상
* 종이에 베이거나 긁히지 않도록 주의하세요.
* KC마크는 이 제품이 공통안전기준에 적합함을 의미합니다.